TAAL VOOR DE LEUK

Eerdere boeken van Paulien Cornelisse:

Taal is zeg maar echt mijn ding (2009)
En dan nog iets (2012)
De verwarde cavia (2016)

PAULIEN CORNELISSE

Taal voor de leuk

Omslagontwerp en illustraties Paulien Cornelisse
Boekverzorging Sander Pinkse Boekproductie
ISBN 978 90 824 3023 3

Verspreiding in Nederland: New Book Collective, Amsterdam
Verspreiding in België: Elkedag Boeken, Antwerpen

De meeste stukken in dit boek stonden eerder, in iets andere vorm, in *NRC Handelsblad* en *nrc.next*.

www.pauliencornelisse.nl
paulien.cornelisse

voor bepaalde personen

VOORWOORD

Taal voor de leuk? Taal voor de leuk? Welke leuk? Wiens leuk? Hoezo 'leuk'?

Tja, taal is toch vooral leuk. Vind ik. Maar dat wil niet zeggen dat taal ook altijd makkelijk is. Taal is meestal moeilijk en onbegrijpelijk en raar, en het is een wonder dat we elkaar zo vaak begrijpen.

Dit is mijn derde boek over taal, en nog steeds kan ik denken: taal, ARG! Begreep ik er maar wat van.

Ik heb dagelijks gesprekken met mensen. En ik red me heus wel. Maar als ik over zo'n gesprek nadenk, ontdek ik meestal dat ik de helft niet begrijp. Dat gaat over kleine dingen, waar je ook makkelijk overheen zou kunnen denken, maar dat doe ik nu eenmaal liever niet.

Laatst. Ik zat al vroeg in een cafeetje en bestelde koffie. De ober noteerde dat en zei: 'Komt u ook een hapje ontbijten?'

Dat 'hapje ontbijten' vond ik dus ineens heel gek klinken. Zeiden mensen dat tegenwoordig? Had ik iets gemist? Of drukte deze ober zich expres creatief uit, daarmee uitstralende dat hij meer was dan alleen een ober? Was hij 's ochtends opgestaan en had hij gedacht: ik ga mezelf nóóit meer bedienen van dat pinnige obercliché 'Dat was het?'. Was dit voor hem een nieuw begin?

Of misschien was het volstrekt normaal om 'een hapje ontbijten' te zeggen, en vond ík het alleen maar gek klinken. Hoe kwam dat? Door mijn slaapgebrek?

Wat ingewikkeld. Een ober denkt iets, daar moet hij woorden aan geven, die woorden moet ik opvangen, en mijn hersenen moeten daar weer een betekenis aan geven. Op elk punt kan het fout gaan. Met elkaar praten is bijzonder omslachtig.

'Nee,' zei ik, 'ik kom geen hapje ontbijten.'

'Prima,' zei de ober.

Het onmogelijke was voor de zoveelste keer gelukt: een geslaagd gesprekje was gevoerd.

Soms gaat het fout. Een tijdje geleden maakte ik een praatje met een vrouw die had ontdekt dat we in dezelfde buurt woonden. 'Ik zie je anders nooit!' zei ze. Het klonk beschuldigend. Wat moest ik daarop zeggen? 'Sorry, ik zal mijn best doen meer in de buurt rond te lopen?' Ik was daar niet ad rem genoeg voor en zei op veel te nederige toon: 'Ik woon hier toch al best lang.' Jaja, dat zal wel, zag ik haar denken. Dacht ze dat ook echt? Dat weet je dus niet. Dan ga je 'invullen', en dat mogen we niet meer sinds we op cursus zijn geweest.

Soms gaat het per ongeluk goed. Toen ik onlangs een nogal schreeuwerige broek aanhad, merkte iemand lachend op: 'Zo, lekker drukke broek!' Ik was weer eens niet wakker genoeg om een goed antwoord te geven en besloot stoïcijns te doen alsof het een echt compliment was geweest. En dat bleek het toen, o wonder, ook echt te zijn. De complimentgever ging zelf ook zo'n broek kopen, zei hij.

Stel dat ik alerter was geweest, dan had ik misschien iets sarcastisch teruggezegd, en had ik hem gekwetst. Dan had hij nooit meer durven vragen waar ik die broek vandaan had. We waren langs een afgrond gescheerd. Geschoren? Gescheerd.

Omdat de taal zowel van de spreker als van de luisteraar is, gaat het de hele dag nét goed en bijna fout. Of bijna goed en nét fout.

Tijdens het schrijven van dit boek kwam ik er bijvoorbeeld achter dat ik met enige regelmaat de uitdrukking 'binnen ja en nee' gebruik. Die uitdrukking blijkt vrijwel niemand te kennen, maar voor mij is ze even normaal als de uitdrukking 'in een vloek en een zucht'. 'Binnen ja en nee' betekent ook ongeveer hetzelfde: heel snel. Het is googlebaar, dus het is niet iets wat alleen binnen mijn familie wordt gebruikt. Maar als je het googelt zie je wel dat het het meest marginale uitdrukkinkje op aarde is.

Daar was ik mij tot nu toe niet van bewust. Ik gebruik die uitdrukking al mijn hele leven, en ik moet dus voortdurend onbegrepen zijn geweest. Andersom gebeurt dat ook – allerlei mensen zeggen dingen die voor henzelf volstrekt duidelijk zijn, en voor mij niet.

Dit boek is een collectie van stukken over alles wat ik heb geprobeerd te begrijpen. Proberen te begrijpen. Meer kun je niet doen, met taal.

Dat klinkt wat fatalistisch, maar het is ook meteen

de oplossing voor de meeste problemen die er tussen mensen bestaan. Echt waar! Stel, iemand vindt jou dom en oppervlakkig omdat je te vaak het woord 'leuk' gebruikt. Dan kun je zeggen: 'O ja, wat interessant, bedankt voor het delen, maar ik bedoel met mijn "leuk" iets veel diepzinnigers dan u in staat bent te begrijpen!' Alstublieft, dank u wel.

DE LEUK

In de krant stond een opiniestuk over de middelmatigheid van het Nederlandse onderwijs. Boven het stuk stond: 'Studeren doe je niet voor de leuk.' Het hebben over 'de leuk' is al jaren een manier om het woord 'leuk' af te zeiken. Bedoeld wordt natuurlijk: 'Studeren moet je doen om een goede baan te krijgen.' Maar door het over 'de leuk' te hebben laat je meteen zien hoe verwerpelijk het zou zijn om dingen te doen puur omdat ze leuk zijn. Hallo, Calvijn.

Er zijn ook mensen die 'de leuk' zonder ironie gebruiken. Opgeruimde, vrolijke mensen die zich niet schuldig voelen over geluk. Dit soort mensen voegt aan wel meer bijvoeglijke naamwoorden een lidwoord toe. 'We zijn met kerst met z'n allen naar een huisje gegaan, gewoon voor de gezellig.' En, net iets anders: 'Ik heb lekker thuis liggen cocoonen, voor de relax.' Voor de leuk, de gezellig, de chill, de lekker, de fijn, de warm, de culinair, de efficiënt – het kan allemaal.

Deze lidwoordtoevoeging werkt alleen met positieve bijvoeglijke naamwoorden. Wat ik bijvoorbeeld nog nooit heb gehoord is: 'Die man wíl gewoon niet gelukkig zijn – volgens mij werkt hij bij die kippenslachterij voor de stom.' Of: 'We zijn gestopt met drinken, voor de ongezellig.' (figuur 1) Wat wel kan: 'We zijn gestopt met drinken, voor de gezond.' (figuur 2) Met negatieve woorden werkt het gewoon niet. 'Ik probeer mijn vriendinnen mee te laten doen met bootcampen, voor de fascistisch.'

figuur 1

figuur 2

SUPERTANKS

De mensen die de taal bedenken zijn over het algemeen twee keer zo jong als ik. Natuurlijk, er zijn ook mensen van veertig die wel eens iets nieuws introduceren. Mensen van zestig ook. Maar meestal verzinnen zij saaie woorden voor concrete objecten. 'Rollator' bijvoorbeeld.

Mensen van rond de twintig zijn in staat tot het verzinnen van nieuwe woorden zonder dat die nuttig zijn. En, nog belangrijker, ze kunnen ze uitspreken zonder dat ze denken: wat doe ik nu gek.

Afgelopen week hoorde ik twee 'jonge mensen'

(als je het over jonge mensen gaat hebben, dan ben je oud) het volgende zeggen: 'Supertanks.' Als je het opschrijft, ziet het eruit als een of ander nieuw wapentuig, een tank met extra veel bazooka's aan boord. Maar als je het hoort weet je meteen: het is een expres Nederlands uitgesproken *super thanks*.

Het waren mensen die de th-klank heus wel konden uitspreken. Maar misschien vonden ze dat net te bedacht-hip klinken. Alsof zij mensen waren die hun toevlucht tot het Engels zouden nemen. Maar ja, om nou weer 'bedankt' te zeggen – dat ging ook weer wat ver. Dus zeiden ze supertanks.

Supertanks is het compromis tussen twee talen en moet de natte droom zijn van iedere man van boven de vijftig die bang is dat het Nederlands verdwijnt, en zich daarom angstvallig vastklampt aan een linnen schoudertasje.

Ik hoorde eens over de wet van de navelpiercing. Als je die piercing op je drieëntwintigste nog niet hebt, neem je hem ook niet meer. Hetzelfde zou gelden voor een lidmaatschap van een politieke partij, een vakbond, een abonnement op een krant, en een bezoek aan het Concertgebouw.

Ik denk dat taalvernieuwing evenzeer te maken heeft met die navelpiercingwet. Blijkbaar is de geest van de drieëntwintigjarige nog flexibel genoeg om te denken: laat ik een navelpiercing nemen. En weet je wat, ik ga ook bij een vakbond. En nu ik toch bezig ben: supertanks.

Het laatste artikel dat Stephen Hawking voor zijn dood publiceerde, zou hem de Nobelprijs voor de Natuurkunde hebben opgeleverd. Dat zei een professor uit Leuven, die de co-auteur van dat laatste artikel was. Ik vond het een beetje ijdel klinken, alsof de professor in kwestie vond dat hij zelf ook de Nobelprijs verdiende. Ik weet wel dat het niet zo werkt, want een Nobelprijs gaat om een heel oeuvre, maar toch.

Ongeveer tegelijk met het nieuwsbericht over het overlijden van Hawking deed Willem van Hanegem een kleine onthulling. In een interview vertelde hij dat de uitspraak 'Elk nadeel heb z'n voordeel' eigenlijk van hem kwam, en niet van Cruijff. Van Hanegem had dit al die tijd niet geweten, maar een fan had hem een krant uit 1971 opgestuurd waarin hij, Van Hanegem dus, als volgt werd geciteerd: 'Je moet uit een nadeeltje een voordeel weten te halen.'

Ja, hallo, dan hebben we allemaal 'eigenlijk' al eens gezegd wat Cruijff ook heeft gezegd.

Kijk (altijd goed om een zin te beginnen zoals Cruijff dat zou doen), je kunt geloven in Cruijff-als-orakel, of je kunt zijn heiligverklaring overtrokken onzin vinden. Allebei goed. Maar als je wilt weten waarom de uitspraken van Cruijff zo goed zijn blijven hangen, dan moet je kijken naar de vorm van die uitspraak. De inhoud, daar gaat het nou juist niet om.

'Je moet uit een nadeeltje een voordeel weten te halen', versus 'Elk nadeel heb z'n voordeel'. Zeg nu zelf. De eerste zin heeft geen ritme, de tweede ís ritme. De eerste zin is een soort advies, de tweede zin een universele waarheid. De eerste zin is grammaticaal in orde, de tweede zin is *beyond* grammatica. Het briljante van de zin van Cruijff zit in dat 'heb z'n'. Om in voetbaltermen te praten: de uitspraak van Van Hanegem is pingelen, de uitspraak van Cruijff knalt de bal keihard in de linker bovenhoek.

Als er een Nobelprijs voor Uitspraken was geweest, dan had Cruijff die hiermee moeten winnen. En Van Hanegem? Die was hoogstens de co-auteur.

WOORDAANELKAARPLAKKISME

Steeds meer Nederlandstaligen schrijven woorden los terwijl die aan elkaar horen. Koffie bar, sushi restaurant, je hoort het in het Nederlands aan elkaar te schrijven, maar dat gebeurt steeds minder. Vermoedelijk komt dat doordat je in het Engels niet zo veel aan elkaar schrijft. En wij hangen nu eenmaal naar het Engels.

In het Duits wordt veel meer aan elkaar geschreven, maar dat ziet er voor ons toch al snel te ingewikkeld uit. Rechtsschutzversicherungsgesellschaften bijvoorbeeld. Wie graag met autoritair stemgeluid Duitse woorden voorleest (en dat is bijna iedereen in Nederland), kan met dit soort woorden zijn hart ophalen.

In het Turks kunnen ze er ook wat van. Neem

'Çekoslovakyalilaştıramadiklarimizdanmisiniz'. Dit Turkse woord betekent: 'Bent u een van degenen die we niet uit Tsjechië kunnen laten komen.' 43 letters. Ter vergelijking: een scrabblebord is maar 15 letters breed.

In het Nederlands bestaan ook wel lange woorden. In de Van Dale staat bijvoorbeeld het woord chronischevermoeidheidssyndroom. Dat ziet er naar mijn mening belachelijk uit; je wordt al moe van het woord alleen. Doe maar los, zou ik zeggen. Dat vinden veel andere Nederlandstaligen met mij.

Toch is er een tegenbeweginkje gaande, een neiging om bepaalde leuk-klinkende woorden juist langer te maken. Denk hierbij aan het woord schathemeltjerijk. Een tijdje geleden werd dit woord opgenomen in een reclamecampagne van Triodos. Dit was geen toeval. Juist een relatief softe bank als Triodos doet er goed aan een verdacht begrip als rijkdom te vergezelligen. Schatrijk is eng en ziet eruit als Dagobert Duck. 'Hemeltje' is lief en iets wat je oude tante zegt. Schathemeltjerijk maakt iets verdachts ineens tot iets gezelligs.

Een ander expres langer geschreven woord is 'bollewangenhapsnoet'. Bollewangensnoet zou logischer zijn, maar door dat 'hap' ertussen komt er een ritme in het woord, een joie de vivre. Een bollewangenhapsnoet: daar moet een kus op.

Clichés: de wereld hangt ervan aan elkaar. 'Als je haar maar goed zit', 'Dat hou je toch' en 'Iedereen heeft een eigen werkelijkheid', om er maar drie van de drie miljard te noemen.

Een subcategorie binnen de clichés is het dwangcliché: je weet dat het een cliché is, maar toch moet je het zeggen. Voorbeeld: er kan geen schaal asperges op tafel worden gezet of er is iemand die roept: 'Het witte goud.' Onuitstaanbaar, maar het moet gezegd.

figuur 1

Een ander, meer particulier voorbeeld: binnen mijn familie kan de datum '20 april' niet vallen zonder dat iemand zegt: 'De verjaardag van Hitler.' Vorig jaar had mijn vader zich voorgenomen het niet te zeggen, maar toen zei ik het. Dat is het dwangmatige eraan: als je toch al weet dat iemand het gaat zeggen, kun je het net zo goed zelf zeggen. Zolang het cliché nog niet geuit is, bouwt zich een spanning op in het hoofd (figuur 1), als een kriebel waaraan je niet mag krabben. Als bubbeltjesplastic waarin niet geknepen mag worden. Pas als het cliché losgelaten is (figuur 2, zie de volgende pagina), is er weer rust (figuur 3).

Overal heersen dwangclichés. Zodra het over het Songfestival gaat, zal iemand van zichzelf moeten

figuur 2

figuur 3

zeggen: 'Douze points.' In de sport: 'Heracles uit, altijd lastig.' (Dit specifieke dwangcliché is overgenomen door theatermensen. 'Waar moet je spelen? O, Stadskanaal uit, altijd lastig.')

Het uiten van een dwangcliché kan grote gevolgen hebben. Ik hoorde ooit over iemand die het had uitgemaakt met zijn vriendin omdat ze bij het passeren van Gouda had gezegd: 'Gouda, stad van kaarsen.' Of misschien zei ze ook wel: 'Stad van kazen.' Dat had hij niet kunnen verstaan. Maar het was in beide gevallen onacceptabel. Terwijl het voor haar waarschijnlijk gewoon een dwangcliché was.

SLAAK JE ROT

De grijze muis zat op mijn grijze bank, en daarom zag ik hem niet meteen. Hij had zijn kopje in de kussens verstopt, alsof hij dan onzichtbaar zou zijn.

Als je een muis ziet, denk je eerst: hee, dat lijkt wel een muis. Om pas daarna te denken: maar dat ís een muis!

En dan gebeuren er allerlei dingen waar je zelf niets over te zeggen hebt en waar je ook niet achter staat. Ik slaakte een kreetje en ging meteen op een stoel staan. Dat van die stoel was niet echt noodzakelijk, maar gebeurde toch, vanuit een automatische behoefte het cliché helemaal af te maken.

Toen de muis, verstijfd van angst, was afgevoerd naar een plantsoen (niet door mij), kon ik weer van de stoel af om na te denken over het gebeurde. En vooral over dat geslaakte kreetje.

'Slaken' is een werkwoord dat maar heel weinig inzetbaar is. Alleen een gil en een kreet kunnen geslaakt worden. En een zucht van verlichting. Waarom zou dat zijn? Misschien omdat aan 'slaken' iets klagerigs hangt, iets aanstellerigs? Iets wat je doet terwijl je eigenlijk een trap onder je kont zou moeten krijgen?

Oorspronkelijk betekende slaken 'losmaken'. Je kon de teugels van je paard slaken. Als je een kreet slaakte, dan werd er dus letterlijk een uitroep losgemaakt uit je keel.

Ik vind slaken een prettig klinkend woord, en wat mij betreft zou het breder gebruikt mogen worden. Want ik zie overal positieve slaakmogelijkheden. 'Jan slaakte een uitleg, waardoor we weer wisten waar we aan toe waren.' Of zo: 'Hans slaakte nog een laatste tweet en ging slapen.'

Ik heb al jaren een sluimerende frustratie over dat je niet mag zeggen: 'Ik heb stofgezogen.' Dan is er namelijk altijd wel iemand die belerend zegt: 'Nee, het is "Ik heb gestofzuigd", want je bent toch niet door je huis gekropen om al het stof met je mond op te zuigen?'

Ehm, nee, inderdaad, dat heb ik niet gedaan. Je zou echter ook van de toehoorder kunnen verwachten dat die iets doet met context en logica, en zelf concludeert dat bij het zuigen van stof waarschijnlijk wel een stofzuiger betrokken is geweest. Gestofzuigd klinkt raar, op het ongrammaticale af.

Hieraan moest ik denken toen ik onlangs iets opzocht over het vervoegen van leenwoorden. (Terzijde, wat een raar woord is leenwoord eigenlijk. Alsof we de geleende woorden ooit weer gaan teruggeven. 'Ja bedankt, we hebben "T-shirt" nu lang genoeg gebruikt, nu gaan we het weer "blouse zonder knopen" noemen.')

Werkwoorden die we lenen uit het Engels, vervoegen we volgens de Nederlandse regels.

'Heb jij die dingen nog gefaxt?'

'Nee, tuurlijk niet, gewoon gemaild.'

Dit werkt over het algemeen goed.

Toch zijn er ook woorden waarmee het mijns inziens misgaat. Neem het gezellige woord 'gangbangen'; volgens de regels wordt dat vervoegd als gegangbangd. Het ziet er op schrift niet uit. En als je het uitspreekt krijgt het een soort poldergezelligheid die het woord niet verdient.

‘Hebben Frits en jij nog wat gedaan van het weekend?’

‘Mwah, beetje gegangbangd.’

Ook de volgende vervoegingen zijn mogelijk: gegaybasht, gegolddigd, en geglobetrot. Of je ze ooit echt gaat gebruiken is de vraag, maar dit is wel degelijk hoe je ze moet schrijven.

‘Eduard wilde altijd alleen maar naar Ermelo op vakantie, maar sinds hij met Jim is, heeft hij toch flink wat geglobetrot.’

Hoe het dan wel moet? Geen idee. Wij gangden bang? Dat kan ook niet. Wij trotten globe?

Sommige woorden worden juist mooier van een lange, Nederlandse vervoeging. Neem het woord ‘genderbenden’. Deze zin kun je in het Nederlands gewoon zeggen: ‘Er werd tijdens die workshop expressieve dans weer heel wat afgegenderbend.’

Kijk, dan hou ik ineens weer erg van onze taal.

SNOER OPROLLEN AUB!!!

Ik zag een reeks foto’s van de Ridderzaal door de jaren heen, telkens geschoten vlak voor het Prinsjesdag-spektakel. Op iedere foto werd er gestofzuigd. In 2008 was er een lavendelblauwe stofzuiger, een gezellig rechtoprijdertje, met de slang in het midden. In 2009 was er een enge moderne zuiger, met onbehaaglijke aluminiumkleurige details. Die is er maar een jaar geweest, want vanaf 2010 was er weer eentje zoals in 2008, maar dan in het hardgroen. Hoe is dat gegaan in 2009? Wie besloot er terug te gaan naar het oude vertrouwde model? Is er ruzie geweest? Spanningen? Of zijn er gewoon verschillende stofzuigers aanwezig in de Ridderzaal?

Nou, ik ben er een keer geweest, en mijn conclusie is: waarschijnlijk niet. De zaal zelf is best mooi, maar de wc's bijvoorbeeld, die zijn bruin betegeld. Het ruikt er overal naar groentesoep, een beetje zoals in een verpleeghuis of een jeugdherberg. Ik kan op de Ridderzaal, los van de zaal zelf, alleen maar het bijvoeglijk naamwoord 'scharrig' plakken. Dus natuurlijk staat daar niet een heel stofzuigerpark. Er is maar één stofzuiger, onder een donkerbruine jarenzeventigtrap in een hok, waarvan maar één persoon de sleutel heeft. Aan de binnenkant van het hok hangt een briefje met 'Snoer oprollen aub!!!' De enge moderne stofzuiger uit 2009 is stiekem afgevoerd.

Ooit kocht ik een stofzuiger om mijzelf te troosten voor een of andere soort ellende. Het was de beste stofzuiger op aarde. Die er ook nog heel leuk uitzag, namelijk geel, en je kon je eigen huidschilfers zien rondwervelen tijdens het zuigen. Stofzuigen, geen hobby van me, zou op deze manier dragelijk worden.

Bleek natuurlijk dat de beste stofzuiger ter wereld een te kort snoer had, en een straaljagermotor met dito geluid. En vooral, ik had daar niet bij stilgestaan: als je een object koopt om jezelf te troosten, zal dat object je altijd herinneren aan de ellende die aan de troost voorafging. Ik kon onmogelijk met het ding stofzuigen zonder te denken aan die ellende.

Inmiddels heb ik net zo'n vrolijk rechtoprijdertje als in de Ridderzaal.

BIJNAIKU

Een haiku is een gedicht van zeventien lettergrepen, waarin meestal een kleine observatie over de natuur wordt gedaan.

Een bijnaiku is een tekst die je toevallig ergens aantreft, die bijna een haiku had kunnen zijn. Dus bijna zeventien lettergrepen. Of net-niet natuur.

Als bedenker en naamgever van de bijnaiku ben ik natuurlijk erg gespitst op bijnaiku's. In het ledenblad van Natuurmonumenten trof ik deze bijnaiku aan:

De mus floreert
wanneer het een beetje
rommelig is

Dit is puur genieten. Veertien lettergrepen! Observatie over de natuur! En, ook belangrijk bij de bijnaiku: je zou je kunnen voorstellen dat hij geschreven is door een zenmonnik in een bemost klooster op een Japanse berg.

2PAC

In 2014 doken er gedichten op van de jong overleden Amerikaanse rapper Tupac Shakur. 2Pac, zoals hij ook wel heette, werd in 1996 op vijfentwintigjarige leeftijd neergeschoten en zijn laatste woorden waren 'Fuck you'.

De gedichten die hij schreef toen hij zeventien was, zijn minder cool. Een fragment:

What of a love unspoken?
Is it weaker without a name?
Does this love deserve 2 exist without a title
Because I dare not share its name

Opvallend is dat hij ook in zijn vroege dichtwerk al cijfers gebruikte. Dat doen wel meer pubers, natuurlijk. Ik heb zelf levendige herinneringen aan mijn vreugde over woorden als suc6 en pr8tig. Het besef dat inslaat als een bom: in plaats van een paar letters één cijfer! Wow! (zie tekening) Op een bepaald moment, als je een jaar of negentien bent, ben je van deze verbazing bekomen en ga je weer gewoon letters gebruiken. (Ik ken haar verder niet, maar ik weet zeker dat Mariëlle Tweebeeke een tijdlang 2Beeke boven haar proefwerken heeft gezet. En Kees Driehuis was neem ik aan een tijdje 3Huis. En Peter R. de Vries was Peter R. de 4s, tot hij ontdekte dat dat niet klopte.)

Op een bepaald moment ga je dus weer letters gebruiken. Zo niet 2Pac. Met zijn naam is het waarschijn-

lijk zo gegaan als met een handtekening. Die oefen je als je tien bent, maar je gelooft niet dat dit dan ook echt je handtekening wordt. Onder mijn handtekening, zo bedacht ik toen ik tien was, moest een krullerige streep komen te staan, met twee kleine streepjes erdoorheen. Beetje VOC-documentachtig.

De eerste keer dat je dan echt je handtekening moet zetten (Wanneer was dat eigenlijk? Om geld op te nemen bij het postkantoor met mijn giroblauwpas?), is dat meteen je officiële handtekening. En dan zit je er voor de rest van je leven aan vast. Elke keer weer die twee streepjes.

Dus zo ging het ook met 2Pac. Die vond toen hij in de twintig was die 2 ook totaal niet meer kunnen. Maar ja, toen was het al zijn handelsmerk. En kon hij er niet meer vanaf.

Het geluk van types als 2Pac is dat zij het oncoole cool kunnen maken.

WAAR WAS JIJ?

Waar was jij toen je hoorde dat Edwin Evers ermee ging stoppen?
Ik stond in de keuken en hoorde op de radio iemand vragen: 'Waar was jij toen je hoorde dat Edwin Evers ermee ging stoppen?' Ik concludeerde uit deze vraag dat Edwin Evers ermee ging stoppen.

Maar wat deed het nieuws met je?
Mijn eerste gedachte was: wie is Edwin Evers?

Wat bedoel je, wie is Edwin Evers?
Nou ja, letterlijk dus, wie is dat dan? Vlak daarna dacht ik: o ja, een radio-dj. Maar ik heb hem volgens mij nog nooit op de radio gehoord.

Dagelijks luisteren meer dan één miljoen mensen naar Edwin Evers.
Ja, dat hoorde ik ook, dus toen dacht ik: wat zegt dit over mij? Leef ik onder een steen?

Nou, steen, steen, misschien in een ondiepe grot?
Oké. Maar je kunt het ook anders interpreteren. Vroeger was het: waar was je toen je hoorde dat John F. Kennedy was vermoord? Of waar was je toen je hoorde dat er twee vliegtuigen in het World Trade Center waren gevlogen? Nu moet je bij zowat alles wat je hoort ook nog onthouden waar je was toen je dat hoorde, voor het geval iemand je gaat vragen waar je was.

Edwin Evers representeert vast een tijdperk en voor sommigen zal de naam Edwin Evers als ze er over tien jaar mee worden geconfronteerd, ongetwijfeld iets oproepen van 'O ja, daar luisterde ik naar, toen was ik nog jong, wat gaat de tijd snel'. Dat is belangrijk, maar is Edwin Evers echt van 'waar was jij toen'-achtige faam?

Ja.

Oké, nou, dan zou de vraag wat mij betreft zo mogen worden geherformuleerd: 'Waar was jij toen je ontdekte dat je voor de zekerheid altijd moest onthouden waar je was, voor het geval het een belangrijk moment zou blijken te zijn?'

DOTANSPATIES

Goed, dus zanger Dotan had allemaal bijzonder geopinieerde volgers, maar die volgers bestonden niet echt. In sommige gevallen werden de lovende fanberichten door Dotan zelf geplaatst. Wat mij in dit drama vooral opviel was dat Dotan onder meer was ontmaskerd door zijn spatiegebruik. Het was opgevallen dat sommige adorerende fans, net als Dotan zelf, vaak een spatie zetten voor een punt of een komma. Nu hebben wel meer mensen die gewoonte, maar die zijn vaak boven de zeventig. Dotanspaties zien er bijvoorbeeld zo uit (en dit is een zin die ik even zelf bedacht heb): 'We gingen naar het concert ,en we hebben zo genoten !' Je kunt zeggen: de fans waren zó door Dotan geobsedeerd dat ze zelfs zijn spatiegebruik overnamen. Maar dat is niet aannemelijk. Een raar geplaatste spatie is als een vingerafdruk: die valt niet op, maar is er wel.

Een spatie hoort, volgens arbitraire regels, na een komma, en na een punt. Het is niet zo belangrijk, je moet die regel min of meer toevallig ergens opgepikt hebben. En als dat nooit gebeurd is, dan doe je het misschien wel fout. Niet erg. We begrijpen zinnen ,zoals deze ,op zich prima .

Maar het zijn de kleine en onbelangrijke gewoontes die iemand uniek maken. Ik kende iemand die boven al haar e-mails de datum zette. Ook al wordt die automatisch in een e-mail verwerkt. Ik vermoed dat het geen bewuste keuze was, maar meer een gewoonte die nog stamde uit de tijd dat ze brieven tikte. In een tijd waarin handschriften vaak verborgen blijven, zullen we uit dit soort miniclues moeten opmaken wie iemand werkelijk is.

AWKWARDER

Je hoort wel eens dat je je probleem moet benoemen – dat het probleem dan al voor de helft verdwenen is.

Niet zo lang geleden kwam ik in een ingewikkelde sociale situatie terecht. Ik ging langs bij een vriendin, waar ook een man zat die ik vaag kende. Ik kuste de vriendin hartelijk en deed er ook nog een omhelzing bij, want het is ten slotte de eenentwintigste eeuw. Vervolgens wendde ik mij tot de man. Was ik op kusbasis met deze man? Ik wist het niet. Ik nam een onderdanige houding aan en zei: 'Gaan wij elkaar kussen, of...?' De man zei: 'O nee, alsjeblíéft niet!'

O.

Op zich is het fijn als iemand het zegt als hij iets niet wil, maar ik voelde me toch alsof ik een aanranding had voorgesteld.

'Nee,' vervolgde de man, 'dan krijg je weer dat gedoe met één of drie kussen! En dan moet je er nog bij knuffelen ook! Ik wil daar gewoon helemaal vanaf!'

Ook dit snapte ik nog wel. Ik heb wel eens gefantaseerd over het bedrukken van T-shirts met de tekst: 'Ik kus niet', danwel 'Ik geef maar één kus'. Puur om alle onduidelijkheid te voorkomen.

De man was dan wel duidelijk, maar de situatie werd er niet helderder op.

'Sorry,' zei ik. 'Ja, nee, als je dat niet wilt...'

'Wie wil dat obligate gekus nou echt?' vroeg de man zich af.

'Ik,' zei ik, want nu ik zo werd aangevallen was ik ineens bereid om de voorvechter van de kus te worden. 'Het is gewoon fijn om elkaar aan te raken.' Waar haalde ik het vandaan, maar daar was het. Eén-nul voor mij, want nu kwam ik als warm-menselijk over in plaats van alleen maar als conformistisch.

'O ja,' zei de man. 'Nou ja, ik vind al dat gekus allemaal maar heel awkward.'

Dit was het moment dat ik besloot te benoemen wat hier aan de hand was. 'Maar dit is toch ook heel awkward?' zei ik.

Waarom zei ik dit in hemelsnaam? Dacht ik soms dat hiermee de rust zou wederkeren? Wat er gebeurde was het tegenovergestelde. Alles werd nog veel awkwarder. Er was niet gekust, er was benoemd waarom dat niet gebeurde, en er was benoemd dat dat ongemakkelijk was. Als niemand iets benoemd had, was dit allemaal niet gebeurd. En nu kon ik geen kant meer op. Alles wat ik nu nog zou benoemen zou het alleen maar erger maken.

Bij het afscheid nemen kuste ik niemand. En ik vertelde een mopje. Toen was iedereen weer van elkaar af.

BINNENPRETJE

Toen ik eind vorige eeuw in Japan studeerde, was het daar net in de mode om op elke foto hysterisch te lachen en met beide handen het V-teken te maken. Ik vond dat grappig en deed er ironisch aan mee, maar dat is op foto's nooit goed te zien, ironie.

In Japan was het nogal een culturele shift. Voorheen was het er min of meer verboden om te lachen op foto's. Pasfoto's waren al helemaal doodserieus. Ook klassenfoto's zagen er verontrustend uit: als een begrafenis waarvoor alleen kinderen waren uitgenodigd.

'Niet lachen op een pasfoto' vond ik toen bizar, maar

inmiddels mogen we het in Europa ook niet meer. Fotografen hebben daar duidelijk nog geen vrede mee. 'Kom kom, niet zo streng,' hoor ik al jaren. 'Probeer eens een binnenpretje anders.' Het binnenpretje is de grote fototruc van deze tijd. Als we over vijftig jaar het hele concept van de pasfoto totaal achterhaald vinden, gaan wetenschappers terugkijken en boeken schrijven met titels als *2000–2020: The Age of The Binnenpretje. A Cultural Perspective*.

Een paar jaar geleden waren er twee dingen aan de hand in mijn leven. Ik moest een nieuw paspoort en ik had een koortslip. De vraag was: moest ik het fotomoment dan maar een paar dagen uitstellen? Nee, redeneerde ik, júíst wel nu op de foto gaan. Want dan ben je bij je volgende paspoort weliswaar tien jaar ouder, wat een *shocker* is, maar dan heb je tenminste geen koortslip! Win-win met het oog op de toekomst. Op de foto die gemaakt is zie je duidelijk een koortslip, maar ook de zendelingachtige blik van iemand die eindelijk heeft begrepen hoe je dat moet doen, die activiteit die 'leven' heet.

En nu loop ik alweer jaren aan elke douanebeambte mijn koortslip aan te bieden.

Ook was ik even vergeten hoe vaak je een kopie van je paspoort moet mailen, als freelancer.

EEN BEETJE VERMAKEN

Bij een voorstelling zitten een jongen en een meisje in de rij achter mij. De jongen moet de hele tijd lachen. Wat een levensgenieter, denk ik. Het meisje hoor ik minder, maar zij kan een glimlacher zijn.

Als de voorstelling afgelopen is hoor ik het meisje tegen de jongen zeggen: 'Heb je je een beetje vermaakt?'

Ik wil me omdraaien en zeggen: 'Natuurlijk, heb je dat dan niet gehoord? Heb jíj je eigenlijk wel een beetje vermaakt?'

Ik doe dat niet, want zo ben ik niet. Maar later bedenk ik ineens: misschien bedoelde het meisje het wel heel anders. Meer zo van: 'Jezus, wat heb jij de hele tijd irritant hard zitten lachen, zou je je de volgende keer een beetje kunnen inhouden?'

Het waren best jonge mensen. Misschien blijven ze nog heel lang bij elkaar. En dan zijn ze veertig, en dan denkt die jongen op een dag: ik zou wel weer eens willen lachen.

MIES/MIEP

Ik heb Mies Bouwman nooit erg bewust meegemaakt op televisie. Ik ben geboren na *Eén van de acht*. En *In de hoofdrol* heb ik wel eens gezien, maar ik weet er niet veel meer van. Mies was gewoon een mevrouw van de televisie die me aardig leek.

Ik herinner me verder vooral verwarring. In die tijd had je namelijk ook de schrijfster Mies Bouhuys en de schrijfster Miep Diekmann. In mijn hoofd vormden deze drie vrouwen één conglomeraat van Mie-achtigheid. Als klap op de vuurpijl raakte ook in de jaren tachtig het gerecht 'mie' in de mode. Het was, kortom, het mie-tijdperk.

Worden meisjes nu nog Mies of Miep genoemd? Ik heb ze nog niet voorbij zien komen, en ik woon toch in een buurt waar ouders kiezen voor de noeste traditionele naam die iedereen alweer vergeten was. Een naam als een vergeten groente, een schorseneer van een naam. Daar zou Mies ook best tussen passen.

Gelukkig is dit na te gaan via de Voornamenbank van het Meertens Instituut. Daar kun je bijvoorbeeld zien dat de naam 'Lauren' heel erg in is, ongetwijfeld sinds Lauren Verster op het collectieve netvlies staat. En dat de naam 'Paulien' aan het uitsterven is.

Maar goed, Mies dus. In Bouwmans hoogtijdagen werd de naam Mies niet aan baby's gegeven. Misschien was Mies Bouwman toen te controversieel om als rolmodel te dienen, of was haar naam nog te ouderwets om op te boksen tegen haar populariteit. Of had het ermee te maken dat het Jiddisje woord 'mies' ('bangelijk, lelijk') toen nog gebruikt werd?

Maar de naam Mies zit tegenwoordig wel degelijk in de lift. In 2016 zijn er zeventien Miezen geboren. Is dit het schorseneer-effect? Misschien. Maar Miep, een vergelijkbare naam, is vanaf halverwege de jaren zestig onafgebroken impopulair. Niemand heet nog

Miep. De afgelopen vijf jaar zijn er in totaal zes Miepen bij gekomen. Logisch, denk je dan, want zolang we tegen elkaar zeggen: 'Zit niet zo te miepen', noem je je kind geen Miep. Dan kun je haar net zo goed meteen Zeur noemen.

KAKKIE

Er was een kat kwijt en er waren briefjes opgehangen. Ze heette Kakkie, las ik. Het was een kat uit Amsterdam-Zuid. Dat was wel passend, want Amsterdam-Zuid is een kakbuurt.

Maar waarom was de kat Kakkie genoemd? Was Kakkie ooit een kat die naast de bak kakte? Dat misschien nog steeds wel deed? Of was er een peuter in de familie die 'katje' probeerde te zeggen en er 'kakkie' van maakte? Of was de familie van Kakkie bezig geweest met het accepteren van het feit dat ze in een kakbuurt woonden? Dan maar all the way en je kat Kakkie noemen. De hond heet Rolex en de parkieten noemen we Moët en Chandon.

De nieuwe directeur van Artis heet Rembrandt Sutorius en ik denk dat die voornaam een last is. Dat je je steeds maar weer moet verontschuldigen dat je niet kunt tekenen, of in ieder geval niet zo goed als de 'echte' Rembrandt. Maar wie ís de echte Rembrandt? Van hoeveel dierentuinen moet je directeur worden voordat je eindelijk de definitieve Rembrandt bent?

In Artis krijgen de dieren nog wel namen, maar er wordt niet meer zo mee naar buiten getreden. Een vrijwilligster heeft mij ooit uitgelegd dat dat het beleid was – de dieren zijn daar niet als individu, maar als representant van hun soort. De olifant is daarom gewoon 'de olifant'. Maar voor intern gebruik hebben de dieren wel namen. Logisch, want het is niet te doen om een baby-olifant te voeren en ondertussen te denken: wat een interessante representant van alle baby-olifanten ter wereld. (Ik zou sowieso geen enkele gedachte meer kunnen hebben behalve: 'Owwww... die haartjes!')

Opvallend is wel dat die interne namen in Artis heel zorgvuldig en cultureel-sensitief worden gekozen. Een paar jaar geleden werd er een olifantje geboren dat 'Sanuk' werd genoemd. Dat is een Thaise naam, want de Artis-olifanten wonen 'eigenlijk' in Thailand.

Als de namen toch niet officieel zijn, zou je denken: noem die olifant lekker Kakkie als het zo uitkomt. Of Rembrandt.

PRODUCTDENKEN

Ik ben een paar keer in Vlaanderen naar de kapper geweest. Steevast wordt er aan het einde van de knipbeurt gevraagd: 'Wilt u wat product in uw haar?' Dat klinkt voor noorderlingen als een vreemd-smal gebruik van het woord 'product'. Het komt doordat 'pro-

duct' bij ons inmiddels zowat alles kan betekenen.

Van oorsprong is een product inderdaad iets wat je kunt aanraken en aanschaffen. Maar tegenwoordig wordt er steeds meer verkocht wat niet aanraakbaar is.

Daar worden mensen zenuwachtig van, dat je betaalt voor iets wat je nooit in handen zult houden. Om die zenuwen de kop in te drukken, wendde men zich tot het woord 'product'. Dat klinkt heel concreet, en kan van alles zijn. Denk aan een bankproduct.

Bij de NS zijn ze ook sterk in het productdenken. Inmiddels heeft bijna iedereen een ov-kaart. Maar wat je daarmee kunt doen, hangt af van wat je hebt besteld en op je kaart hebt 'geladen' (alweer een heel fysiek woord voor iets ongrijpbaars). Het onaanraakbare dat je oplaadt, wordt een product genoemd. Het mooiste product in dit genre is het studentenreisproduct. 'Zorgeloos reizen met het studentenreisproduct!' wordt er zelfs geadverteerd.

Het staat me allemaal tegen, maar misschien is het, zoals met wel meer wansmakelijks, een kwestie van: omarmen die hap. Gewoon met je reisproduct naar het kerstdiner. Dat je dan ook niet meer kerstdiner noemt, maar bijvoorbeeld 'het samenzijnproduct'.

TE ZIJNER TIJD

Als je het in Vlaanderen hebt over vroeger, dan kun je het hebben over 'de jaren stillekes'. Dus: 'Nee, dat was in de jaren stillekes, toen had ik nog een asymmetrisch kapsel.' (zie tekening) Of: 'Die man leeft in de jaren stillekes, die weigert op Instagram te gaan.' Het zijn dit soort uitdrukkingen die ervoor zorgen dat ik Vlaanderen wil annexeren, desnoods tegen de wil van de inwoners in.

Een tijd in het verleden; Nederlanders hebben er geen duidelijk woord voor. Ik betrap mezelf wel eens op 'de oertijd'. Dus: 'Ik deed toen vrij fanatiek aan judo, maar dat was in de oertijd, hoor.'

Een onbepaalde tijd in

de toekomst is meestal een ander woord voor 'nooit'. Denk aan sint-juttemis. En de pruimentijd. Hoewel ik dat laatste altijd vreemd heb gevonden: er ís toch echt een pruimentijd? In augustus of zo?

Toch hoor je deze uitdrukkingen niet zo vaak meer. Dat komt doordat er nu een veel subtielere manier gevonden is om 'nooit' te zeggen, en dat is 'te zijner tijd'. Neem het volgende gesprek:

'Heb je de mailinglijst al opgeschoond?'

'Nee, nog niet, maar daar kom ik te zijner tijd wel aan toe.'

Laten we het eens letterlijk nemen. Zijner tijd. Wiens tijd? Ik kan er alleen maar van maken dat het de tijd van de mailinglijst zelf is. Aangezien de mailinglijst niet in staat is aan te geven wanneer hij/zij graag opgeschoond wil worden, is te zijner tijd gelijk aan nooit. Maar het mooie is: te zijner tijd klínkt wel alsof er iets concreets bedoeld wordt. Alsof er actie ophanden is.

Kordatere types hebben het over 'asap' (as soon as possible), maar ook dit is geen duidelijk signaal dat er echt iets gaat gebeuren.

Wie het echt handig wil aanpakken, praat helemaal niet meer over verleden of toekomst, maar neemt als hobby het boeddhisme. Dan kun je bij elk verzoek meteen zeggen: 'Ik probeer wat meer in het moment te leven.'

De overheid gebruikt het woord 'allochtoon' niet meer. Het klinkt te negatief. In 1989 was het woord juist ingevoerd om een nieuw, neutraal woord te hebben voor mensen die niet uit de nederklei getrokken waren. Maar net als met elk woord dat verwijst naar iets waar mensen iets bij voelen: dat kan niet neutraal blijven. Zoals eerder met 'buitenlander', 'gastarbeider' en 'vreemdeling' gebeurde, zo werd ook 'allochtoon' een woord waar je niet mee geassocieerd wilde worden. Het heeft het dus zevenentwintig jaar volgehouden, wat ik nog lang vind.

Wat komt ervoor in de plaats? Welnu, vanuit de overheid wordt voortaan gesproken over 'inwoners met een migratieachtergrond' versus 'inwoners met een Nederlandse achtergrond'. Wat hier goed aan is, is dat dit zo'n lange en onhandige term is dat die nauwelijks als scheldwoord gebruikt kan worden. ('Hé, rot eens op met je migratieachtergrond!' werkt niet.)

Wat er slecht aan is, is dat niemand weet waarover je het hebt. Ik bedoel, een migratieachtergrond heeft bijna iedereen in Nederland. Mijn oma is hierheen geëmigreerd. Mijn andere drie grootouders woonden hier al. Heb ik dan een migratieachtergrond? Gedeeltelijk wel, ja. Maar ik neem aan dat ik niet word meegenomen in statistieken over hoe inwoners met een migratieachtergrond 'functioneren' in de samenleving.

En dat 'achtergrond' klinkt ook wat onheilspellend.

Hij heeft een achtergrond in de illegale wietteelt. Het klinkt per definitie als iets wat je wilt verbergen.

Dus: wat dan wel? Het blijft raadselachtig waarom de Amerikaanse oplossing (Mexican American, Korean American) hier niet aanslaat. Natuurlijk, je hoort wel eens 'Turkse Nederlanders', maar dat is uitzonderlijk. Het lijkt alsof er in Nederland een allesoverheersende behoefte is om iedereen die Neerlands bloed niet door d'aderen heeft vloeien, op één hoop te gooien.

SURVIVE

Bij de Blokker is een bloempot in de aanbieding waarop staat: I WILL SURVIVE. Voor planten die een duidelijk signaal aan hun baasje willen geven.

DANSTYPE

Wanneer je als volwassene op een danscursus gaat, dan zegt dat iets over het type mens dat je bent. Tango is voor stellen die proberen de passie in hun relatie terug te vinden: 'We communiceren nu op een heel andere manier.' Salsa is meer voor mensen die vinden dat de Nederlandse cultuur niet sensueel genoeg is, en die behoefte hebben aan een paar uur per week waarin de verhoudingen tussen man en vrouw wel duidelijk zijn. 'Ik moest echt léren om mezelf te laten leiden!' Vrouwen die op klassiek ballet gaan doen dat omdat ze denken dat ze iets hebben laten liggen toen ze op hun dertiende zijn gestopt. En nu blijkt het te laat om het been nog achter het oor te krijgen. Afrikaans dansen straalt uit: ik doe het allemaal zelf wel, ik ga niet meer zitten wachten op een vent.

Laatst zei iemand tegen mij: 'Ik vind Lindyhop wel iets voor jou.' Ik probeer er nog achter te komen of dat een compliment is.

WOEST

Voorspellen is zinloos, behalve voor mensen die het zeggen van het zinnetje 'Ik zei het toch' een zinvolle bezigheid vinden. Ik hoorde ooit van een dokter die met elke zwangere patiënt een weddenschap afsloot. Hij zei bijvoorbeeld: het wordt een jongetje, terwijl de aanstaande moeder dacht dat het een meisje werd. 'Ik schrijf in mijn agenda: jongetje!' zei de dokter. Stiekem schreef hij 'meisje' op. Als de bevalling achter de rug was en het was een jongetje, won de dokter de weddenschap. Als het echter een meisje was, dacht de moeder gewonnen te hebben, maar dan toverde de dokter zijn agenda tevoorschijn en liet zien: hij had toch echt 'meisje' opgeschreven. Gek dat de moeder dat nou verkeerd onthouden had. Hormonen, hè.

Maar nu toch ook een voorspelling van mij. Ik kreeg

namelijk 'binnen' welk woord binnenkort groot gaat worden. Juist, het woord 'woest'. Sinds een aantal jaar is woest al een vrij populair synoniem voor boos ('Ja, nee, ze moeten niet aan mijn cavia's komen, dan word ik woest!' 'Rustig maar, lieverd.').

Daarnaast wordt 'woest' min of meer ironisch gebruikt in zinnen als: 'Herman is een woest aantrekkelijke man, daar zijn we het op kantoor allemaal over eens.'

Maar onlangs hoorde ik een nieuw gebruik van 'woest'. Iemand zei: 'Ja, maar die situatie is ook wóést ingewikkeld!' Hij keek er ernstig bij.

Kijk, woest ingewikkeld. Dan staat de deur open voor een veel vrijer gebruik van woest. 'Die vrouw is woest hysterisch, maar ze bakt woest lekkere brownies.' Of: 'Zo. Hallo. Woest praktisch bezig met die schutting, buurman!'

Als woest echt aanslaat, dan wordt het natuurlijk ook de ideale jongensnaam. Dit is Bink, dit is Scherf en dit is Woest. Dan zijn we alweer een paar jaar verder, vermoedelijk. Maar ik heb het alvast genoteerd.

DUIDELIJK

In de Amersfoortse nieuwbouwwijk Vathorst is een Chinees restaurant dat 'Chinees Restaurant Vathorst' heet. Ik vind deze naam van een ontroerende duidelijkheid.

Omdat we steeds meer appen en mailen en steeds minder praten, zijn er steeds meer woorden die aan de schrijftaal toegevoegd worden. Woord in kwestie: Arg. Ik schrijf dat heel vaak, vermoedelijk omdat er in mijn leven veel frustrerende dingen gebeuren. (Ik noem het etui met ál mijn lievelingspotloden dat nog steeds kwijt is, iets waar ik niemand de schuld van kan geven.)

Het interessante aan Arg is dat het een woord uit de stripwereld is. De Engelstalige stripwereld, specifieker. Het bootst een pijnkreet na. Je kunt het ook spellen als Argh, en als het allemaal echt heel erg is, dan varieer je met het aantal a's. Aaaaaargh!

Omdat mensen toch ook af en toe nog wel eens wat willen zeggen, en niet alleen maar naar hun telefoon kijken, merk ik dat Arg terug naar de spreektaal gemigreerd is. 'Arg!' roep ik. Met een harde Nederlandse g. Dat heeft niets meer met een pijnkreet te maken, maar iedereen begrijpt de uitroep wel. En is het zo niet ook veel beter, met een harde g? Het roept associaties op met argwaan en archeologie. Twee begrippen waar inderdaad genoeg frustratie in zit.

Stel, je maakt een kinderserie. Voor peuters. Dan wil je waarschijnlijk uitstralen dat het leven leuk is en alleen maar leuker wordt. Dat snap ik wel en daar sta ik ook achter. Dus zit een peuterserie meestal vol met blije wezens die graag met elkaar spelen. Thuis keken wij een tijdje naar een peuterserie waarin een konijn en een buitenaards wezen vriendschap met elkaar hadden gesloten. Tuurlijk, why not. Het was misschien niet echt een accurate representatie van het leven, maar het bracht op de peuter in kwestie wel iets over van verbintenis en levenslust.

Tot zover alles duidelijk. Maar waarom is er bijna geen peuterserie te vinden waarin niet voortdurend gegiecheld wordt? Wie bepaalt dat peuterseries niet alleen vrolijk moeten zijn, maar dat de karaktertjes ook de hele tijd moeten lachen? Karakter 1: 'Zullen we samen spelen?' Karakter 2: 'Ja, goed.' Samen: 'Hahaha!' Waar is de grap? Nergens. Dit graploze lachen heeft iets wanhopigs. Alsof je gevangen bent genomen door een vreemd volk waarvan je de taal niet spreekt. Gaan ze je koken en opeten? Of bedoelen ze het goed? Voor de zekerheid maar veel lachen, mensen! Ha, ha, ha.

Nu zou het kunnen zijn dat de makers van de serie denken dat dit inderdaad is hoe peuters de wereld zien: je bent overgeleverd aan een volk dat je niet helemaal begrijpt, de volwassenen namelijk. Toch klopt dit beeld niet met de werkelijkheid. Reallife peuters lachen weliswaar veel, maar alleen om dingen die grappig zijn, of op z'n minst leuk-onverwacht.

Als je eenmaal gewend bent aan het constante gelach in peuterseries, valt ineens op hoe fel-realistisch de *Jip en Janneke*-verhaaltjes zijn. Ik had ze een jaar of vijfendertig niet ingekeken, maar nu weer wel. Mijn hemel! Je slaat zo'n boek op een willekeurige pagina open en je valt met je neus in een woedeaanval, een ternauwernood bedwongen ruzie of een boze moeder. In mijn herinnering waren het heel vredige boeken. Het is smullen, overigens. Ook al komt er geen buitenaards wezen in voor.

AGRIBULK

Sommige dingen hoef je niet te snappen. Onlangs was ik bij een ijzerwinkel, waarvan de eigenaar vertelde dat zijn voorgangers in de oorlog hadden geheuld met de Duitsers. Dat deden ze met hun 'draaierij', waar ze 'dingen draaiden voor de Duitsers'. Ik vroeg wat een draaierij eigenlijk was. 'Ehm... een draaibank,' zei de man met een blik alsof ik hem voor de gek hield.

'Ja, oké, maar wat maak je daar dan mee?'

Hij begreep nu dat ik geen grapje maakte, maar gewoon achterlijk was. 'Van alles!' antwoordde hij, en hij vervolgde: 'Kijk, je hebt een bank, met twee punten, daar zet je iets tussen, en dan draait dat heel hard rond.'

Ik dacht inmiddels zelf ook dat ik achterlijk was, want ik snapte nog steeds niet waar we het over hadden. 'Maar wat maak je daar dan mee?' vroeg ik weer.

'Van alles!'

'Een stoelpoot?'

'Bijvoorbeeld! Kan ook!'

Het werd gênant om het gesprek nog verder door te zetten, dus ik deed alsof hiermee de kwestie afgehandeld was. En ik had later kunnen gaan googelen wat een draaierij precies is. Maar sommige dingen zijn beter als ze ongewis blijven. Al is het maar dat je er dan je eigen romantische voorstelling van kunt maken.

Zo zie ik vrij vaak een vrachtwagen rijden waarop staat: AGRIBULK. Ik weet niet wat agribulk is, en ik googel het expres niet. Ik neem aan dat het gaat om grote hoeveelheden 'biks', waarvan ik ook niet precies weet wat het zijn.

Agribulk. Agribulk. Agribulk. Als ik in een sombere stemming ben, kan ik mijzelf opvrolijken door dit woord een aantal keer te herhalen. Agribulk is een extreem lelijk woord, maar er gaat ook iets gezelligs van uit. Ik denk dat mensen die 'in de agribulk zitten' een heel gelijkmatig leven leiden. Ze beginnen de dag met een eerlijk bord Brinta – waarschijnlijk valt Brinta ook onder agribulk. Daarna stappen ze in hun vrachtwagen, op weg naar een afgelegen opslagplaats. Daar drinken ze een kop koffie uit een thermosfles, laden de hele wagen vol, gaan naar een losplek en storten daar alle agribulk in één keer op een grote hoop. 'Zo,' zeggen ze, 'dat is weer gebeurd.' Als iemand vraagt: 'Wat is agribulk eigenlijk', dan antwoorden ze: 'Nou gewoon... agribulk.'

BOE

In een koffietentje hoorde ik een jongen tegen de serveerster zeggen: 'Mag ik een cappuccino met koemelk?' Ze verstond hem niet helemaal goed, en hij zei: 'Met echte melk bedoel ik.' Daarna deed hij het geluid van een koe na. Blijkbaar was hij iemand die in een soja-omgeving leefde, en een van de laatsten die daar wel nog 'echte melk' dronk. Het feit dat hij een welluidend koeiengeluid paraat had, kwam bijna militant over. Zoals er soms ook vleeseters zijn die heel hard roepen: 'Mm! Lekker, dode dieren!'

SOGGENDERWIJS

Op 5 december om half zeven 's avonds zijn er altijd mensen die nog een sinterklaasgedicht moeten schrijven. Dat had natuurlijk allang af moeten zijn! Maar eerst nog even de krant lezen, om je er straks met een jantje-van-leiden van af te maken.

Dit uitstelgedrag, daar is in het Engels een mooi woord voor: *procrastination*. Dat woord klinkt heel academisch, alsof alleen hoogleraren het gebruiken.

Zeg maar het equivalent van ideosyncratisch of adhesie. Maar nee, procrastination is in het Engels ook een woord van de gewone man. 'To procrastinate', kun je ook prima zeggen. Of: 'Man, I hate myself, all I'm doing is procrastinating.'

Toen ik studeerde werd er wel eens gesproken van 'soggen', dat was een verwerkwoording van het acroniem 'sog', dat dan weer stond voor 'studie-ontwijkend gedrag'. Het woord 'soggen' kan alleen maar tijdens voornoemd soggen bedacht zijn.

Ook al horen we ons schuldig te voelen over alles wat we vanwege een algeheel gevoel van *mañana, mañana* hebben nagelaten, ik wil hier toch een lans breken voor het uitstellen van het sintgedicht tot het laatste moment. Want soms is het juist het tijdgebrek dat ervoor zorgt dat je met je gedicht helemaal los durft te gaan. Dat je halfrijm eindelijk accepteert als een mogelijkheid. 'Astma' mag ineens rijmen op 'vast maar'. Ook de logica mag overboord. Sinterklaas rijmt nu op winterkaas. Winterkaas? Wat is dat nou weer? Precies, dat bedoel ik. Díé vrijheid van denken.

DAHAG

Ik hou van het lied 'Dag Sinterklaasje, dahag, dahag'. Vooral vanwege dat 'dahag'. Een h invoegen plus een extra lettergreep gebeurt volgens mij in twee situaties. Ten eerste als er iets hard geroepen moet worden, terwijl datgene maar één lettergreep heeft. Eén lettergreep klinkt wanneer hij hard wordt uitgesproken, meteen als een nies, een hoest of een hartaanval. Daarom wordt Jan: 'Jahan!' en Kees: 'Keehees!' Op die manier moeten we het 'dahag' in 'Dag Sinterklaasje' ook interpreteren.

Maar er is nog een andere belangrijke reden om een lettergreep te verdubbelen, en dat is wanneer we verkeren in een staat van complete ergernis. 'Ja dahag, ik ga echt niet alle kattenkots opruimen die jij hebt laten liggen.' Doehoei.

Er zijn relaties die draaien om conversaties als deze:
'Wil je thee?'

'Mmm?'

'Wil je theehee!'

In deze categorie van ergernis-verdubbeling valt ook het dreinende kind. Dreinende kinderen kunnen hun ergernis over hun machteloosheid verpakken in eindeloos herhaalde lettergrepen: 'Ik wil niehiehiehiehiehiet!' En: 'Wanneer gaan we weer naar huihuihuihuihuis...'

Dit is al lettergreepverdubbeling voor gevorderden, maar het kan nog beter. Soms gebeurt het dat iemand zo geërgerd is dat zelfs een lettergreep zónder klemtoon kan worden verdubbeld. Dat kunnen alleen mensen die op een bijzondere manier *in touch* zijn met hun innerlijke oermens, lees: de puber.

Ik was er ooit getuige van dat een puber gemaand werd om nu eindelijk eens op te schieten. De puber in kwestie zat op de wc, ontstak aldaar in woede en riep:

'Ik ben aan het poepe-hen!!' Met een krachtige uithaal op de 'hen'. Ik kon er alleen maar bewondering voor hebben.

KNUDDELEN

Op een emotioneel kwetsbaar moment las ik in een nieuwsberichtje dat er in Australië een jonge voskoesoe, een buideldiertje, was gevonden. Op straat, zonder moeder. Ik ging van dit gegeven alvast huilen, en toen stond er ook nog dat ze het diertje hadden opgevangen in de dierentuin en het daar een knuffelbeest hadden gegeven. De bewuste voskoesoe, die zo groot is als een hand, had het knuffelbeest geaccepteerd als moeder.

Niet alleen was het allemaal heel schattig (er stond een foto bij), maar ook nog eens heel treurig. Een verweesd beest met een moeder die helemaal niets 'teruggeeft'.

Die levenloze moeder was misschien wel beter dan helemaal geen moeder, maar zielig was het wel. Schattig (figuur 1) kan vrijwel altijd overtroffen worden door zielig-schattig (figuur 2), en dat was in dit nieuwsbericht volop aan de hand.

figuur 1

Vanwege mijn sentimentele reactie zag ik pas bij herlezing dat er boven het bericht stond: 'Een jong buideldier in de dierentuin van Sydney heeft een knuddeldier als moeder verkozen.'

Knuddeldier! Is dat even een goed woord! De d ligt naast de f op het toetsenbord, dus ik snap waar het vandaan komt, maar ik vind nu al dat knuffelen best vervangen mag worden door knuddelen. Klinkt nog gezelliger. *Cuddle* en knuffel ineen. En tegelijkertijd knullig, alsof er ook van alles half fout gaat tijdens de knuddel. Dat er salontafeltjes omvallen, maar dat niemand dat erg vindt.

IKEAANS

Een 'knuddel' klinkt ook als een product van Ikea, het zou best een poefje kunnen zijn. Maar de naamgeving van Ikea-spullen is minder intuïtief dan ze lijkt. Er zit een ingewikkelde systematiek achter. Spullen voor in de badkamer worden bijvoorbeeld naar Zweedse wateren genoemd. Bedden en kledingkasten krijgen Noorse plaatsnamen. Stoffen en gordijnen hebben

Scandinavische meisjesnamen. Keukenspullen heten naar vissen of paddenstoelen, of zijn bijvoeglijke naamwoorden. En kleden zijn genoemd naar Deense plaatsen.

Over dit laatste is ooit gedoe geweest. Er gingen stemmen in Denemarken op die dit 'cultureel imperialisme' noemden. De kleden waren namelijk goedkoper dan de kasten. Het kón geen toeval zijn dat juist de goedkopere, 'laagbijdegrondse' producten Deense namen hadden gekregen! Altijd hetzelfde met die Zweden!

Ikea ontkende alles.

HEUL

Wat vrouwen van tussen de twintig en veertig de laatste tijd doen: ze schrijven 'heul' in plaats van 'heel'. Niet allemaal, dat weet ik ook wel. En ook niet altijd. Maar toch vaak genoeg om het op te laten vallen. Het gaat bijvoorbeeld per app: 'Hoe was het in De Librije?' Antwoord: 'Heul lekker.' 'En met Erik?' 'Heul gezellig.'

Het is de geschreven vorm van iets wat je in gesprekken ook hoort. Er wordt meer 'heul' gezegd dan vroeger. Hoe komt dit? Kunnen we hier de Brabanders de schuld van geven? Nee, dat is te makkelijk. Want 'heul' drukt net iets anders uit dan 'heel'. Er zit een overtuiging in die je met 'heel' nooit bereikt. Iemand die zegt: 'Het was heel gezellig', kan het best helemaal niet gezellig hebben gehad. Wie het 'heul gezellig' heeft gehad, die spreekt hoogstwaarschijnlijk de waarheid.

Raar eigenlijk. Want er is nog een bekend voorbeeld van een ee/eu-wissel. Die vindt plaats bij het woord 'nee'. Wie 'neu' zegt in plaats van 'nee', is juist aan het liegen. 'Wilde je liever nog even op dat feestje blijven? Had wel gekund, hoor!' 'Neu...' Deze persoon wil heel graag nog even blijven maar probeert ook het belang van de ander in de gaten te houden. 'Wat "neu"? Dus je wilt nog blijven? Kan echt, hoor! Ik vind het prima.' 'Nee! Nee! Ik vind het echt oké om naar huis te gaan.' 'Jaja.'

In 'neu' zit alle twijfel van een passief levend mens. Het type mens dat ook 'mja' of 'wja' zegt, in plaats van 'ja'.

De derde belangrijke ee/eu-wissel wordt gebruikt in het areligieus aanroepen van de Here Jezus. Er komt bijvoorbeeld een vrachtwagen aangereden en jij kunt nog net op tijd wegspringen. Dan roep je: 'Jeuzus!' Of: 'Djeuzus!' Waar een gewoon 'Jezus!' eerder klinkt bij milde irritatie, wordt 'Jeuzus' vooral ingezet bij gevaar of echte woede.

Wat concluderen we hier nu uit? Welnu. Nederlanders hebben de neiging om hun ee's soms om te vormen tot eu's. Dat doen ze in geval van oprecht genieten, laffe ontkenning of zware irritatie. Kortom, als een woord moet worden overgoten met een emotioneel (eumotioneul) sausje.

ZO!

Enige tijd geleden kwam er iemand in mijn personal space zitten. Het was op een lange bank die tegen een muur stond. Er was ruimte genoeg. Maar ze plofte recht naast me neer. Haar dij raakte bijna mijn dij. En ze zei: 'Zo!'

Bij een begrip als personal space denk je meteen: het klinkt zo Amerikaans, ís het wel echt iets? Ja dus. 'Persoonlijke ruimte' kun je het ook noemen, maar dat klinkt minder goed.

Personal space. Die ligt niet vast; het ligt aan de situatie wanneer iets 'te dichtbij' is. In een lege treincoupé vind ik iemand die schuin tegenover me komt zitten al bedreigend. In een volle metro maakt het me allemaal minder uit.

En het ligt er ook aan wat je gewend bent. Vorig jaar was ik op bezoek op een middelbare school. Ik vond het schokkend hoe dichtbij de kinderen kwamen. Tegen me aan zelfs! Met puberziektes zoals pfeiffer. Waarom deden ze dit? Na een tijdje herinnerde ik me: dat geduw en getrek op de gang, dat vond ik vroeger ook normaal. Regelmatig moest ik destijds een trap op lopen met een drom medescholieren, en dan was het zo druk dat ik door de massa opgetild werd. Mijn voeten raakten de trap niet meer. Dat vond ik toen amusant.

Goed, er was dus op die bank iemand te dicht bij mij komen zitten, onder het uitstoten van 'Zo!'. Als iemand te dichtbij komt staan, kun je nog subtiel naar achteren schuifelen. Of in een zijwaartse krabbengang vluchten. Maar ik zat. En wie zit, zit vast.

Wat ik natuurlijk had moeten doen: gebruikmaken van het neerploffen van de vrouw door meteen op te springen om zogenaamd naar de wc te gaan, om bij terugkomst ergens anders te gaan zitten. Je moet bij deze techniek doen alsof je gelanceerd wordt door de neerplof van de ander. Maar ik wachtte iets te lang, en dan is de natuurlijkheid ervanaf. Dus ben ik mij in plaats daarvan uit onmacht dood gaan ergeren aan dat 'Zo!'. Hoezo, 'zo'? Wat is 'zo' eigenlijk? Een afkorting van 'Zo, klaar'? 'Zo doen we dit hier'? Of: 'Zo, en nu zit je voor altijd aan me vast'?

Het was weer een constructieve middag.

BEREIKBAAR

Iedereen is altijd bereikbaar, maar steeds minder mensen nemen de telefoon op. Omdat je meestal kunt zien wie er belt, kan het niet-opnemen een bewuste keuze zijn. Als je dus iemand belt en je krijgt een voicemail, komt dat mogelijk doordat de telefoon op zacht staat of in een tas zit. Maar het kan ook zijn dat de ander z'n telefoon heeft gepakt, heeft gekeken en heeft gedacht: o nee Paulien. Nu éven niet.

Problematisch wordt het als je in een openbare gelegenheid telefoon krijgt, en je moet de beslissing nemen: opnemen of niet. Want stel je voor dat de beller in dezelfde ruimte staat! 'Haha, kijk eens achter je?'

Als je in dit ongelukkige scenario níét opneemt, dan is de gênantheid niet te overzien. De blik op de telefoon, en daarna de zucht bij het wegleggen. Nu even niet.

UITBUIKEN

In een feestdagen-reclame van C&A stond deze aansporing: VOEL JE SCHITTEREND EN STRAAL. Natuurlijk werd er iets bedoeld als: 'Straal en voel je schitterend', maar zoals het er stond leek het alsof we ons 'straal' moesten voelen, en dat klinkt dan weer als straalbezopen. Wat voor sommigen onder ons inderdaad de strategie is om de kerstdagen tegemoet te treden.

Verder wordt er met kerst vooral veel weggegeten. Dat zal wel een heidense oorsprong hebben, want ik denk dat Jozef en Maria in de stal alleen wat minimalistische Midden-Oosterse hapjes hadden, zoals hummus en baba ganoush.

Hoe dan ook: kerst = eten en drinken. Ik hou van eten, maar ik snap niet waarom de meeste woorden die 'eten' betekenen, zo vies moeten klinken. Smikkelen! Bah. Schransen: je ziet meteen van die Bruegel-taferelen voor je, met honden die weggeworpen karkassen afkluiven. Afkluiven, ook zo'n woord. Bikken, schrokken, verorberen, bunkeren: fraai is het allemaal niet.

En de 'nettere' woorden zoals tafelen klinken op z'n best flets. 'Dineren' klinkt als een opkomende hoofdpijn.

Eigenlijk is alleen 'eten' een goed woord om 'eten' uit te drukken.

Na het eten komt het verwerken van het eten. Dan valt vaak een woord dat ik zou willen nomineren voor een zeer hoge plek op de viezewoordenlijst: uitbuiken. Uitbuiken klinkt als een eindstation. Alsof er nooit meer ingebuikt wordt.

Het is allemaal heel vies; toch worden er nog uitdrukkingen omheen verzonnen die het vieze nog viezer maken. 'Even de broek op de vleeshaak zetten.' Gad. Ver.

Dus: lekker eten, niet te veel over praten.

MEURGEUR

We kochten een kerstboom en kozen een beetje een ielige, met van die kleine naaldjes, omdat die volgens de handelaar het meest naar kerstboom rook. Kort daarop werden we allemaal zwaar verkouden en roken we niks meer. Zaten we met onze boom.

Zou het daarom zijn dat kerstwinkels en kerstkaarsen zo ontzettend meuren? Je ruikt ze zelfs met een forse wintergriep al op een kilometer afstand. Laatst dacht ik dat ik in een restaurant een kerstwinkel rook, maar dat bleek een dame te zijn die die ochtend in een bad vanille was gestapt. Het was overweldigend, maar zelf rook ze het waarschijnlijk niet meer. Geuren, je dient ze voor het grootste deel maar te ondergaan.

Dit brengt mij op yogathee. Yogi Tea is een merk, maar het is inmiddels zo ingeburgerd dat mensen meestal yogathee zeggen, en dat ook alle andere hevig geurende en meditatieve theeën daaronder vallen. Yogathee is in de regel gemaakt door mensen van wie het geurcentrum in het brein reeds lang geleden is afgestorven. Zelf denken ze dat ze een milde kruidenthee hebben gecreëerd met ondertonen van kaneel. Voor mensen die nog wel kunnen ruiken, is het een aanslag op mond en neus, een wierookbom gemaakt in een kerstwinkel. 'Mmm, lekker,' hoor je mensen genieten bij hun yogathee. Ik vermoed dat ze vooral het idee hebben dat ze móéten genieten, omdat yoga tenslotte iets te maken heeft met gezond.

Laatst kreeg ik ergens yogathee die gemaakt was met de essence van muffe sok. Is de yogatheemaker ooit voor een retraite in een Bhutaans klooster terechtgekomen en moest hij toen slapen naast een koortsige bergbeklimmer? Met een gangreensok? Is dat de inspiratie voor deze thee geweest?

En wat moeten wij daarmee? Dit soort ultieme mufte brengt rust noch harmonie. Misschien is yogathee vooral bedoeld om te drinken en dan de dankbaarheid te voelen voor alle momenten dat je hem niet hoeft te drinken.

Ik moest naar de endodontoloog. Dat klinkt erg en dat was het ook. De endodontoloog was van Roemeense komaf, wat ik van mezelf niet eng mocht vinden. Graaf Dracula woonde weliswaar in Roemenië, maar daar kunnen de hedendaagse Roemenen niets aan doen. Dus vooruit. Mijn muren waren gestuukt door een paar heel gezellige Polen, dus waarom niet met mijn kies naar een Roemeen?

De endodontoloog zag er niet uit als Graaf Dracula. Toch voelde ik de behoefte om een gezellige sfeer te creëren voordat hij de wortel van mijn kies zou gaan uitgraven tot nét onder mijn oogkas. 'So, do you like Holland?' vroeg ik.

'No,' antwoordde hij.

Oké.

Op een bepaalde manier was dit antwoord wel verfrissend in z'n botheid. Waarom zou je ook aan smalltalk doen?

Hij legde uit dat hij maar één dag per week in Nederland was, hier dus geen sociaal leven had en alleen de snelweg zag tussen het vliegveld en de praktijk. Dus hij kon, logisch gezien, niets van Nederland vinden.

Zelf zou ik in een dergelijke situatie hebben gezegd: 'Ja, ik vind Nederland een heerlijk land', en dan iets bij elkaar geluld hebben over hoe fijn de wc's op het vliegveld zijn. Maar de Roemeen was radicaal eerlijk en daar hoort niet bij dat je de patiënt met onwaarheden op haar gemak stelt.

‘But if you mean: do I like my job, then my answer is yes,’ zei de endodontoloog.

Ja, dacht ik, dat zal inderdaad wel mijn diep onderliggende vraag zijn geweest. Je wilt liever dat iemand vol vreugde aan zijn graafwerkzaamheden in je schedel begint, dan vervuld van weerzin, waardoor hij extra hard gaat zitten poken en dan misschien wel uitschiet.

In de twee uur die volgden was het voornamelijk stil. Toen het pijn deed, zei hij: ‘This is not supposed to hurt.’ En: ‘I could give you more anaesthetic, but it wouldn’t help.’ Hier werd niets zonniger voorgesteld dan het was. Ik was in goede handen.

HET JAAR ZIEN

‘Hoe zie jij het jaar?’ Dat is een vraag die je kunt stellen als de rek er op oudejaarsavond een beetje uit is. De vraag wordt eerst niet begrepen, want mensen zien te vaak duiders op tv: mensen die de hele tijd van alles zien terwijl er niets te zien is. ‘Ik zie dit jaar als een jaar van grote veranderingen, van crisis, maar ook van een voorzichtig herstellend optimisme.’ Je moet dus uitleggen dat je je vraag letterlijk bedoelt, namelijk: het is bijna onmogelijk om iets te denken zonder er een plaatje bij te zien. Dus als je het over iets abstracts hebt als ‘een jaar’, hoe zie je dat dan? In mijn geval is januari boven, februari daar iets schuin onder, maart daar weer iets schuin onder. Het jaar heeft de vorm van een handboog (zie tekening).

Dat ik het jaar zo zie komt doordat in het huis waar ik opgroeide een wc was met heel enge spinnen erin. Om mijn angst voor spinnen te bedwingen richtte ik me op de wc-kalender op posterformaat, waar het jaar de vorm van een boog had.

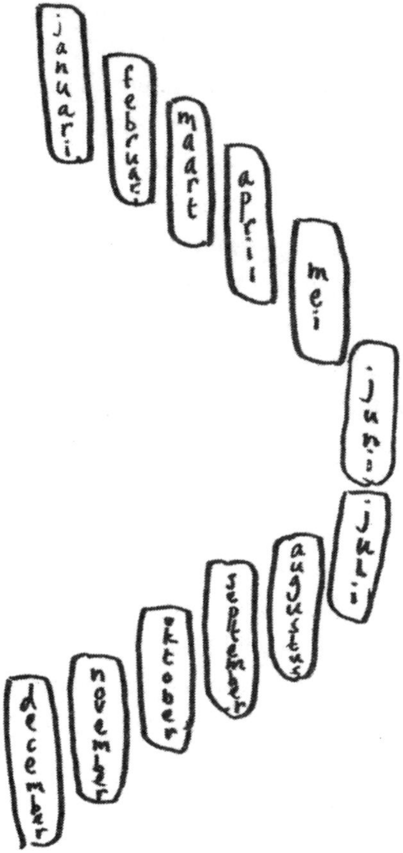

Omdat het meestal niet nodig is om te praten over hoe het jaar eruitziet, wordt zelden duidelijk dat mensen het jaar verschillend visualiseren. Vertel ik over mijn boogvorm, dan wordt daar verontwaardigd op gereageerd: nee, het jaar is een soort cirkel waar je middenin staat, met januari recht voor je! Hoe kún je het anders zien. Laatst sprak ik iemand die het jaar in 3D zag, als een soort weg die omhooggaat in de zomer, maar in september naar hem toe buigt. 'En wanneer kom je dan weer uit bij het beginpunt?' vroeg ik, naïef. Zijn jaar kwam helemaal niet meer terug bij een beginpunt. Januari van het nieuwe jaar lag niet in de buurt van januari van het oude. Wederzijds onbegrip.

In Duitsland zeggen ze als nieuwjaarswens: 'Guten Rutsch ins Neue Jahr!' Dat suggereert dat er een glijbaantje is van eind december tot begin januari. Wat een heerlijke manier van het jaar zien! Zelf moet ik elke keer op 31 december mentaal een ladder op klimmen. Want op 1 januari moet ik weer boven aan de boog staan.

BELLEN

Op het flesje met bellenblaas staat in zo veel mogelijk talen het woord 'bellenblaas'. Ik stond telefonisch in de wacht en besloot dat ik al die vertalingen van bellenblaas maar eens ging lezen. Zo kwam tot mij het woord *bublifuk*. En nu wil ik op vakantie naar Tsjechië.

DAN MAAR

Het begin van een nieuw jaar. Nooit een makkelijke tijd, vind ik. Helemaal als er mensen in je omgeving zijn die tegen je zeggen: 'En nog de beste wensen.' Soms ook gevolgd door 'dan maar'. Hoe deprimerend: 'Nou, de beste wensen dan maar.' Waarschijnlijk wordt 'dan maar' toegevoegd om te laten merken dat we hier te maken hebben met een uitgekauwde formule, die helaas toch gebruikt moet worden. Maar het komt op mij over als een wanhopige, cryptische hulpvraag.

'Dan maar' wordt veel gebruikt. Heel soms kan er iets positiefs van uitgaan: 'Is de boot lek? Dan maar zwemmen! Lekker toch!' Maar meestal hangt er een droefgeestige sfeer omheen. 'Dan maar weer naar de camping in Ermelo.'

'Dan maar' is buitengewoon Nederlands. De mensen die hier in de oertijd zijn gaan wonen, in de nattigheid, hebben dat alleen maar gedaan omdat het elders niet lukte. Dan maar op een terp. 'Dan maar' is zó Nederlands dat ik niet weet hoe je het zou moeten vertalen.

Er is één gebruik van 'dan maar' dat mij na aan het hart ligt. Als iets vervelend is, maar er kan niets aan veranderd worden, dan roep ik graag: 'Dat is dan maar zo!' Onlangs had ik in een moment van logistieke helsheid mijn tas ('met alles erin') laten staan op een parkeerplaats bij Winkelcentrum De Beverhof te Beverwijk. Toen ik ontdekte dat mijn tas weg was, riep ik eerst heel hard 'Godverdomme!' maar daarna zei ik gedecideerd 'Dat is dan maar zo', en reed terug naar De Beverhof. Toen ik, daar aangekomen, ontdekte dat de tas toch in de auto lag en ik dus helemaal niet terug had hoeven rijden, riep ik weer 'Godverdomme!' maar troostte mezelf wederom met 'Dat is dan maar zo'.

Wie 'dan maar' zegt, schikt zich in zijn lot. Dat heeft iets passiefs, en daar kun je tegen zijn. Maar je kunt ook denken: dat is dan maar zo.

TERUGWEG

Ik ken een stel dat aan het begin van hun relatie de Kilimanjaro (5895 meter) ging beklimmen. Dat klinkt als zo'n typische activiteit waar je 'sterker uitkomt'. Het samen afzien, daarna het samen 'ergens doorheen gaan', en uiteindelijk samen blaarpleisters plakken.

Ik weet niet of het aan de Kilimanjaro ligt, maar ze zijn inmiddels alweer jaren bij elkaar, en gelukkig ook. Opmerkelijk is dat de vrouw van het stel buitengewoon eerlijk over deze beklimming kan vertellen. Het was, in één woord, verschrikkelijk. En nee, ook niet 'ergens wel weer heel gaaf'. De zonsopgang bekijken terwijl je net de top bereikt hebt? 'Dat kon me op dat moment écht niet meer schelen. Ik wilde zo snel mogelijk weer naar beneden.' De enige manier waarop ze het voor zichzelf psychisch dragelijk had gemaakt was door reeds na een paar uur, op de heenweg dus, te denken: elke stap brengt mij dichter bij het einde van deze wandeling. Dus eigenlijk ís dit al de terugweg.

Ik vind dit een eyeopener van jewelste. Zodra je begint, ben je eigenlijk al bezig met terugkeren. Dat kan heel verfrissend werken, ook als je bijvoorbeeld op weg bent naar een vervelende vergadering. Die is eigenlijk al bezig afgelopen te zijn.

NARE DINGEN

Ik hoorde in de trein een oude dame zeggen: 'Ik houd niet meer zo van nare dingen.' Een geweldige uitspraak, omdat het nu leek of ze ooit wel heel erg into nare dingen was. En welke nare dingen dan? Kinky.

CAPABEL

Zou er een beroep bestaan waarin het wél een compliment is als je 'de bedrijfsleider' wordt genoemd? Waarschijnlijk alleen als je officieel de bedrijfsleider bent, en dan is het eigenlijk geen compliment maar een constatering. Ooit noemde Felix Rottenberg Diederik Samsom (die toen nog PvdA-fractieleider was) 'de bedrijfsleider'. Waardoor we ons Samsom allemaal gingen voorstellen met een foute dasspeld (of zijn dasspelden altijd fout?), in een raamloos kantoortje, bellend met iemand van de afdeling laden-lossen.

Omdat het woord zo veel beelden oproept, is het onmogelijk om de duiding 'de bedrijfsleider' terug te nemen of te verzachten. Rottenberg deed wel een poging. Hij kwam in *De Wereld Draait Door* vertellen dat hij Samsom 'heel capabel' vond. 'Capabel'! Dat is nog veel erger dan 'de bedrijfsleider'. 'Marja werkt hier sinds vorig jaar als creatief therapeut, en ze is heel capabel.' Daarin hoor je al: Marja doet niet echt iets fout – maar hoe komen we zo snel mogelijk van haar af? Iemand capabel noemen ligt in dezelfde sfeer als iemand 'een vakvrouw' noemen, of 'een harde werker'. Iemand die capabel is, heeft geen nieuwe ideeën en komt nooit met iets verrassends. Capabel is een grijze archiefkast op een beige tapijt.

De vraag blijft waarom Rottenberg deze dingen zei. Officieel had het vast iets van doen met 'zorgen maken over de koers van de PvdA'. Maar eerlijk gezegd denk ik dat zulk soort oprispingen een veel kinderachtiger oorsprong heeft. Diederik pakte op een of ander PvdA-congres het laatste toastje wildpaté, terwijl Felix daar zijn oog op had laten vallen.

Ik ben ervan overtuigd dat vanuit dit soort kleine irritatietjes en belediginkjes oorlogen kunnen ontstaan.

Het was een impulsactie. Ik liet mijzelf masseren. Ik mocht alvast gaan liggen op een massagebank met zo'n gat erin, waardoor je je hoofd niet opzij hoeft te draaien, maar naar de grond kijkt. Ik vind dat een nogal fatalistische houding. De masseuse was er nog niet, dus ik wachtte hulpeloos op wat komen ging. Ik voelde mij een struisvogel.

Omdat ik verder toch niets te doen had, dacht ik na over die vogel. Dat hij zijn kop in het zand steekt omdat hij denkt dat anderen hem dan niet zien. Dat klonk me ineens vanuit evolutionair oogpunt wel erg raar in de oren.

Na de massage kon ik lekker gaan googelen op dit onderwerp, en inderdaad: het bleek een mythe. Struisvogels steken hun kop helemaal niet in het zand, want onder de grond kun je niet ademen. Ze hebben alleen een kleine kop. Soms zijn ze bezig hun eieren te keren, en die liggen in een kuiltje. Van een afstandje lijkt het alsof hun kop dan in de grond verdwenen is.

Goed, opgelost, maar hoe was het mogelijk dat ik dit gegeven altijd voor waar had aangenomen? Wat heeft de struisvogel uitgestraald waardoor er massaal wordt gedacht: tja, dat doen ze nu eenmaal? Van een leeuw hadden we dit toch nooit aangenomen? Maar de struisvogel met z'n paniekerige blik – ja, waarom niet? Wij hebben de waarheid omtrent de struisvogel niet willen zien, en dat is op zich een soort struisvogelpolitiek.

Deze ontdekking deed mij ook ineens twijfelen aan het volgende. Als kleine kinderen hun handen voor hun ogen doen, dan denken ze dat ze onzichtbaar zijn. Dat is het geloof, maar wat ik in de praktijk vooral vaak meemaak is dat een kind haar handen voor haar ogen doet, en dat de volwassenen in de omgeving dan roepen: 'Waar is Marietje nou?' Als de handen weer weggehaald worden: 'Haaa, dáár is Marietje!' Dan ga je, kind zijnde, je conclusies inderdaad wel trekken. Maar zou een kind ook van nature geloven in het 'ik zie niks, dus ik ben onzichtbaar'-principe?

Tijdens het googelen ontdekte ik dat giraffes hun oren schoonmaken met hun tong. En dat is wel echt waar.

VLIEGTUIGGEDRAG

Van een piloot hoorde ik ooit dat hij en zijn medepiloten aan passagiers refereren als 'self-loading cargo'. Hij werd heel blij van dit grapje. Wat ik ergens ook wel kan begrijpen. Is er een beroep waar je harder met de zinloosheid van het bestaan geconfronteerd wordt dan wanneer je boven de wolken vliegt, zonder enige connectie met de aarde, en er achter je een kudde stinkende mensen nootjes zit te eten? Het contrast tussen binnen en buiten is te groot. Dat kun je alleen maar oplossen met slechte humor.

Hóé de passagiers zichzelf dan in- en uitladen, daar

heb je grote verschillen in. Het kan op de stresskip-manier en op de 'mens van de wereld'-manier.

Als er geboard mag worden, blijft de mens van de wereld nog lange tijd zitten. Want waarom zou hij in een rij gaan staan terwijl hij toch al weet welke stoel hij straks heeft? Hij kijkt meelijwekkend naar de stresskippen die meteen in de rij gaan staan, met hun bezwete instapkaart. De stresskip op zijn beurt denkt: maar ík kan straks lekker mijn koffertje kwijt in het bagagevak. Zo denkt elk menstype dat hij het het beste geregeld heeft.

Bij het uitstappen gebeurt het omgekeerde. Ineens hebben de mensen van de wereld peper in de reet gekregen. Zodra het ook maar enigszins kan, pakken ze hun koffer en gaan in het gangpad staan. De stresskippen zitten nu juist nog in hun stoel. Om te compenseren voor hun eerdere stressgedrag gaan ze nu agressief zitten uitstralen: 'Ík hoef heus niet een minuut eerder in de aankomsthal te zijn. Ik kan hier best een paar minuten wachten. Zo rustig ben ik.'

Zo is iedereen tevreden. Deze verschillen worden pas een probleem bij stelletjes, waarvan een van de twee een stresskip is, en de ander een mens van de wereld. De stresskip wil graag zodra het gatenummer op het scherm verschijnt bij de gate zijn. De mens van de wereld vindt het scherm maar een indicatie en wil stiekem dat zijn naam wordt omgeroepen, met de toevoeging: 'You are delaying the flight.'

'Is dat uw boot?' vroeg de man.

Het was een prachtige februaridag en we konden schaatsen op de Keizersgracht. We stonden met tranen van ontroering te kijken naar de oude dame die tóch het ijs op wilde en door iedereen geholpen werd. Er waren glimlachende Italiaanse toeristen met grote Amsterdam-mutsen. Er waren euforische Amerikaanse ijshockeyers. Het was even de ideale wereld, daar op de Keizersgracht.

Toen onze zoon van bijna drie er genoeg van had, gingen we het ijs af, via een bootje dat daar lag. En toen kwam die man: 'Is dat uw boot?' Ik voelde meteen dat dit geen vraag was, maar een territoriumafbakening. Ik nam hem de wind uit de zeilen door te zeggen: 'O pardon, we zijn zo weg', waardoor hij alleen maar kon mutteren: 'Want hier zit ik dus niet op te wachten.' Maar waar zou hij wel op zitten wachten? Als ijsgeluk op de Keizersgracht al niet is waar je op zit te wachten, dan ben je waarschijnlijk klaar met leven.

Even later zag ik de man proberen zijn auto in te komen. Het was een piepklein glimmend autootje, het leek wel een hoestbonbon. Hij had hem tussen een boom en de gracht geparkeerd, niet op een parkeerplek. Er staken takjes uit de boom, die dreigden krasjes te maken op de hoestbonbon als hij weg zou rijden. De man haalde een mes tevoorschijn en begon takken af te snijden. Alles in mij wilde roepen: 'Is dat úw boom?' Wederom hield ik mij in. Misschien speelde er in het leven van deze man wel iets waardoor hij mildheid verdiende. Of misschien was het toch gewoon een lul, want die heb je ook.

Toen hij de boom had bijgesnoeid, zag ik hem woedend uitparkeren om daarna meteen woest in te parkeren op een vrije, legale parkeerplaats ernaast. Die parkeerplaats – dat was waar hij op had zitten wachten.

ZITTEN

Een Braziliaanse kennis leert Nederlands en verbaast zich het allermeest over dit: hoe vaak Nederlanders het over 'zitten' hebben.

En dat is inderdaad vaak, als je er even over nadenkt. 'Ik zit hier al een uur te wachten,' kun je zeggen, ook als je niet aan het zitten bent. 'Ik zit thuis,' idem. Je kunt namelijk best thuis zitten als je in werkelijkheid aan het rondlopen bent.

De oorspronkelijke betekenis van zitten heeft iets te maken met het plaatsen van het achterste op een horizontaal vlak. Maar er zijn veel gebruiken die daar niets mee te maken hebben. Wat te denken van deze: 'Hé hé, jongedame, niet aan de knopjes van het fornuis zitten!' 'Aanzitten' wordt bijna altijd gebruikt in de kinderlijke sfeer ('Het was een heel leuk museum want we mochten overal aanzitten!'). Stel dat je als Braziliaan deze kinderlijke betekenis van 'aanzitten' hebt geleerd, dan moet het heel verwarrend zijn dat er soms bij een diner ook aangezeten wordt – maar dan gaat het juist weer om iets chics waar geen kinderen aan te pas komen. Om nog maar te zwijgen over deze zin: 'Er zit kauwgum aan mijn broek.' Zeer vreemd.

Maar dat is nog niet alles, want we gebruiken 'zitten' ook voor kleding: 'Deze trui zit het lekkerst.' Dat geen Nederlander hierbij denkt aan een trui die op een stoeltje zit, is voor een buitenstaander moeilijk te begrijpen.

En omdat 'zitten' hiermee blijkbaar nóg niet genoeg gebruikt wordt, zeggen we ook nog 'Die zit!' als iemand een rake opmerking heeft geplaatst of anderszins gescoord heeft.

De vraag is: waarom gebruiken wij 'zitten' zo vaak? Of anders gezegd: wat zien wij zitten in zitten? Zegt het iets over ons zittende bestaan? Zitten wij vast aan onze bankstellen en bureaustoelen, en heeft het woord 'zitten' van hieruit onze taal veroverd? Zouden Brazilianen het leven vooral dansend bekijken? Het klinkt als een cliché, maar het lijkt me geen toeval dat juist een Braziliaan struikelt over ons zitten. Of loop ik het allemaal weer te cultureel te duiden?

SLAPEN

Strafpleiter Geert-Jan Knoops vertelde bij *WNL Op Zondag* dat hij gemiddeld maar vier uur per nacht hoeft te slapen. Het was, zo vertelde hij, 'een positieve erfenis van mijn tijd bij het Korps Mariniers', waar hij twee jaar als officier gediend had.

Ik gun iedereen van harte z'n geluk, maar mijn hemel, wat ben ik hier jaloers op. Dat je om twaalf uur, wat ik al belachelijk laat vind, naar bed kunt gaan, en dan om vier uur reeds weer opstaat en lekker in je eentje dingen kunt gaan doen! Soms fantaseer ik hierover: dat ik per week één dag extra zou hebben, als enige in de wereld. Knoops heeft dat, al is die dag dan in de nacht.

Maar zou het waar zijn wat Knoops zegt? Hij ziet er altijd erg wakker uit, met wijd open ogen. Misschien komt dat doordat hij inderdaad weinig slaap nodig heeft. Of zou het een beetje grootspraak zijn? Zou hij stiekem meer slapen, maar is het in de wereld van de strafpleiterij stoer om altijd wakker te zijn? Misschien is het zelfs strategische grootspraak – er kijken vast officieren van justitie naar *WNL*, die nu denken: o jee, hij is me nú al een stap voor. Al die tijd dat Knoops aan het werk was, hebben wij liggen wegmeuren in bed.

Stel dat hij inderdaad maar vier uur per nacht slaapt, hoe zit het dan met de bewering dat hij dat weinige slapen geleerd zou hebben bij het Korps Mariniers? Daar geloof ik dus helemaal niks van. Er zijn vast gezegende mensen die nu eenmaal minder slaap nodig hebben. En die komen daar misschien pas achter bij de mariniers, maar ik weet wel wat er zou gebeuren als ík door een wrede speling van het lot bij de mariniers terecht zou komen. Een huilend wrak zou ik zijn, dat per ongeluk op de verkeerde mensen zou lopen schieten. Dat zou dan een heel negatieve erfenis zijn van mijn tijd bij het Korps Mariniers.

AHOY

Vroeger woonde in onze straat een jongetje dat nog niet zo lang Nederlands sprak. Op een dag belde hij aan, mijn moeder deed de deur open en hij zei: ‘Met Eli, is Paulien thuis?’ Hij had begrepen dat je ‘met’ moest zeggen als je belde – maar het verschil tussen aanbellen en opbellen was hem daarbij ontgaan.

En laten we wel wezen, dat hele ‘met’ is ook raar bij het opbellen. Het is een verkorting van ‘U bent door een dame in een hokje met snoeren verbonden met mij’. Dat hokje en die dame bestaan niet meer. (Of is het gewoon een verkorte versie van ‘U spreekt met’? Hoe dan ook: ‘met’ klinkt een beetje gek.)

Sinds we bijna altijd op ons schermpje kunnen zien wie er belt, kunnen we meteen beginnen met het gesprek: ‘Hé, ik wilde jou ook al bellen, waar ben je nou?’ Is het nummer onbekend, dan beginnen we steeds vaker met een Amerikaans aandoend ‘Hallo?’.

Over het woord ‘hello’, in het Engels dus, las ik onlangs iets leuks. Ten eerste: het bestaat pas sinds 1827. Ten tweede: aanvankelijk werd het niet gebruikt om te groeten, maar als een terechtwijzing: ‘Hello, wat denken we dat we aan het doen zijn?’ Of om verbazing uit te drukken: 'Hello, wat veel watergruwel heb je gemaakt, Martha!' Zo gebruiken wij 'hallo' ook, maar dit type hallo voelde altijd als afgeleide van het groetende 'hallo'. Nu weten we: juist de rare hallo's zijn de oer-hallo's.

'Hello' (en dus ook 'hallo') als begroeting hebben we te danken aan Thomas Edison. Bij de invoering van de telefoon heeft hij verordonneerd dat je moest opnemen met 'hello'. Zijn concurrent Alexander Graham Bell vond dat de telefoon opgenomen moest worden met 'ahoy'. Dat woord bestond al minstens honderd jaar langer en was afgeleid van het Nederlandse 'hoi'. Maar Edison won, omdat hij, wetenschappelijk geformuleerd, een streberige machtswellusteling was met meer invloed. Dus stond 'hello' in het eerste telefoonboek bij de officiële instructies rond het telefoneren. (Detail: je moest dat 'hello' volgens de aanwijzigingen hard en vrolijk uitspreken, anders dan het vaag-wantrouwende 'Hallo?' van nu dus.)

Je kunt zo'n telefoongewoonte niet terugdraaien, maar ik denk dat we het erover eens kunnen zijn dat het beter was geweest als Bell had gewonnen. Wat zou er leuker zijn dan elkaar aan de telefoon lekker nautisch te begroeten met een ferm 'Ahoy'? Als een soort vrolijke ontkenning van het feit dat je op zee nooit bereik hebt.

Het moeilijke van skiën is dat je naar het dal toe moet leunen. Mensen die al hun hele leven skiën, realiseren zich niet eens dat ze dat doen. Ik was vijfentwintig toen ik voor het eerst skiede, dat is oud genoeg om te beseffen dat je tegen je eigen natuur in gaat. Je ziet een afgrond, en daar moet je je gewicht heen verplaatsen. Terwijl alles in je schreeuwt: leun naar achteren! Naar de helling, waar je houvast hebt. Maar als je op je hakken leunt, dan ga je juist heel snel vooruit.

Skiën is eng en raar, maar heel leuk als het lukt. Mijn eerste skileraar was het type 'zomers-geitenhoeder-'s winters-sexsymbool'. Het was in de Franse Alpen. Zijn les bestond uit twee uur per dag tegen het

klasje, en mij in het bijzonder, te roepen: 'Lean on ze downhill ski! Ze downhill ski! No, ze downhill ski!' De downhill-ski is de ski die, als je haaks op de berg staat, het dichtst bij dat vermaledijde dal is. Als je op je hoogste ski leunt (wat je instinct je vertelt), dan maak je een bocht en ga je met een rotvaart de berg af, terwijl je misschien nog niet echt goed kunt remmen. 'I said: ze downhill ski! You did not lean on ze downhill ski!' De skileraar had zich duidelijk iets opwindenders voorgesteld bij het klasje kneuzen dat hij onder zich had.

GOEDE VOORNEMENS

De devaluatie van een verjaardag is schokkend. Als je vijf wordt is het feit dat je 'een hele hand vol' bent, reden tot een extase die weken kan aanhouden. Als je tien bent, kun je dagen besteden aan de existentiële vraag of je nu 'een tiener' bent. Als je tweeënveertig wordt is het meer: vandaag mag ik een tompoes.

Verder is een verjaardag, voor mij althans, een kans om oud en nieuw nog een keer over te doen. En dan vooral wat betreft de voornemens. Waar ik met oudjaar te moe voor ben, dat kan ik twee maanden later goedmaken. Want nu begint mijn eigen nieuwe jaar. Goede voornemens dus. Wat eigenlijk een rare term is. Hoezo goede voornemens? Bestaan er mensen die slechte voornemens hebben? Het probleem van mensen is juist dat ze altijd denken dat ze het goede aan het doen zijn. Ook iemand als Pol Pot, om maar eens iemand te noemen, zal gedacht hebben: hoe ga ik het vandaag nou eens goed aanpakken.

In sommige films (vaak kinderfilms) komen klassieke slechteriken voor. Een enge man met te zware wenkbrauwen, die leeft om kwaad te doen. Hij roept dingen als: 'Ik wil dat niemand meer lacht en dat de zon nooit meer schijnt!' Zo'n man is bedoeld als eng figuur. Maar in feite is het een troostrijk karakter. De realiteit is namelijk veel enger en bedreigender: zelfs de ergste slechterik is volgens hemzelf bezig met 'iets goeds doen'.

'Goed' is dus een overbodig woord bij een voornemen. Je kunt het beter zo zeggen: 'Ik ben voornemens om in mijn nieuwe levensjaar vrijwilligerswerk te gaan doen.' Dat klinkt meteen een stuk ambtelijker. En alsof je het ook echt gaat doen.

AKELIG

Een aantal jaar geleden hebben we de renaissance van het woord 'naar' mogen beleven. Voorheen was 'naar' een woord voor oudere dames die het over ziektes of de oorlog hadden.

Toen werd het, ongetwijfeld eerst ironisch, door jongere mensen gebruikt. Ik herinner me nog dat ik me er in het begin over verbaasde. 'O, wat een nare film!' werd er bijvoorbeeld uitgeroepen; dat klonk gemaakt-grappig of gewoon raar.

Maar na verloop van tijd klonk het juist wel goed. Daarom ging ik het zelf ook gebruiken, en inmiddels vind ik het echt moeilijk om nog te begrijpen waarom het zo raar en ouderwets klonk.

Ik sprak iemand die zich ook had verheugd over de herwaardering van 'naar', en zij voorspelde dat binnenkort een ander woord zijn oubollige jasje uit zou doen om geheel opgehipt ten tonele te verschijnen. Ze was even stil en zei op samenzweerderige toon: 'Akelig.' Natuurlijk! dacht ik meteen. Akelig!

Mijn oma gebruikte het woord akelig met overgave. 'Tante Cor heeft doorligwonden. Heel akelig.' En dan keek ze er ook akelig bij, net zoals ze misselijk keek bij 'misselijk': 'Mevrouw van Drongelen is alweer beroofd door zo'n stel jongens. Misselijk.'

Eerst zal 'akelig' half-ironisch gebruikt moeten worden. 'Oei, wat een akelige trui', bijvoorbeeld. Of: 'Everdine had een heel akelige ovenschotel gemaakt.' Als iedereen daar goed en wel aan gewend is, kan er 'outbranching' plaatsvinden naar dit soort zinnen: 'Jeetje, alweer griep? Wat akelig voor je.' En als niemand meer weet dat 'akelig' ooit een woord was dat alleen door geparfumeerde oude dametjes in een hoog-laagbed werd gebruikt, dan is het weer helemaal normaal. Dan kunnen we zeggen: 'Die bombardementen zijn voor de mensen in Syrië natuurlijk heel erg akelig.' Nu klinkt dat nog respectloos. Maar niet meer voor lang.

Tijdens de Olympische Spelen in Sotsji werd Ireen Wüst geknuffeld door Poetin. Ze knuffelde terug, want wat moet je op zo'n moment? Ze zal het ook wel een engerd vinden, maar een knuffel is nu eenmaal nog moeilijker te ontwijken dan een klap.

Wegstappen? De enthousiaste knuffelaar heeft daar geen boodschap aan (figuur 1). Afwerende gebaren maken? De knuffelaar denkt dat je hem beschuldigt van poging tot aanranding. Het enige wat je zonder problemen kunt doen is een medisch probleem verzinnen (besmettelijke huidziekte, gekneusde ribben). Maar probeer dat maar eens in het Russisch.

Er zijn knuffelaars die aankondigen wat ze gaan doen door te roepen: 'Effe knuffelen!' Ik breng hier in herinnering: de persoon 'Ruud' van *Big Brother*, begin

figuur 1

deze eeuw. Of, ook eng: ‘Effe knuffe!’ Waar een zoen nog wel tot een luchtkus kan worden omgevormd, is een knuffel toch bijna altijd full-body contact.

In Amerika wordt ook geknuffeld, in de vorm van een *hug*. Maar de hug is geformaliseerd tot iets wat niet overdreven intiem hoeft te zijn. Alleen de bovenlichamen raken elkaar, vaak wordt er maar met één arm omhelsd, er is in de verste verte geen gevaar voor genitaal contact. Clean.

De hug is in Nederland in opkomst. Jongemannen van het hippere type huggen elkaar. Ze zeggen daarbij: ‘Hé man.’ (figuur 2)
Zo bezien valt de engheid van het knuffelen wel weer mee.

figuur 2

ZOEKEN

Ik was als kind bijzonder slecht in het vinden van paaseieren. Elk jaar lagen ze op dezelfde plek, maar dat hielp niet.

Nog steeds ben ik heel slecht in zoeken. Of vinden. Alles is Altijd Kwijt. Bejaarden troosten zich door naar mij te kijken: het hóéft dus niet aan de leeftijd te liggen! Ik op mijn beurt kijk uit naar het moment dat ik de leeftijd de schuld kan gaan geven.

Wat ik als kwijtraker in arren moede probeer te doen, is 'systematisch zoeken'. Dat voelt alsof je wél goed bent in zoeken. Het werkt zo: je bedenkt eerst waar je allemaal gaat kijken. En dan werk je die plekken een voor een af. (Voor mensen die goed kunnen zoeken is dit gesneden koek, maar tot die soort behoor ik dus niet.)

Bij het volgen van deze methode gebeurt er iets raars in mijn hoofd. Stel, ik heb bedacht dat ik ga kijken op plaatsen A, B en C, en ik vind het verloren object al op plaats A. Dan heb ik de neiging om toch 'voor de zekerheid' ook nog even op plek B en C te kijken. Alsof het daar ook nog best zou kunnen liggen, zelfs al heb ik het ding al in mijn handen. Blijkbaar ben ik zo trots dat ik een keer een systeem volg, dat ik er meteen overdreven trouw aan ben.

Het enige voordeel van slecht kunnen zoeken is dat je regelmatig verrast wordt. Door een verdwaald paasei dat met kerst ineens opduikt.

ANDERS NOG IETS

Als kind was ik gefascineerd door de standaardformulering die door winkelpersoneel gebezigd werd: 'Anders nog iets?' Je zou eerder een zinsnede verwachten als 'Verder nog iets?', of 'Kan ik nog iets voor u doen?'. Maar dat was niet de bron van mijn fascinatie. Het ging erom dat ik altijd verstond: 'Annie Schmidt?' Ik wist niet waarom er Annie Schmidt gezegd werd. Maar ik accepteerde het wel, want bijna alles in mijn jeugd ging over Annie Schmidt. Uit welk boek van haar werd je voorgelezen? In welk boek was je zelf bezig? Annie Schmidt was een household name.

Het was me volledig duidelijk wat er in de winkel met die formulering bedoeld werd, namelijk: 'Wilt u nog wat bestellen?' De fascinatie lag in het feit dat ik niet wist wanneer en waarom mensen, in plaats van de vraag direct te stellen, de shortcut 'Annie Schmidt?' waren gaan gebruiken.

Had Annie Schmidt ooit iets bijzonder snedigs geschreven over de middenstand, waarna haar naam voortdurend werd aangeroepen? Of was de reden veel dadaïstischer van aard, zonder merkbare logica, maar door volwassenen onderling toch begrepen?

Mijn moeder riep ook altijd verontwaardigd 'Blote benen!' aan de telefoon als iemand aan de andere kant van de lijn een blijkbaar onthutsende anekdote aan het vertellen was. 'Nou, blote benen, tsss,' klonk het dan. Het leek een afkorting van: 'Dit is even belachelijk als midden in de winter met blote benen naar school willen.'

Als kind vind je alle eigenaardigheden normaal, want vergeleken met het gegeven dat de pakjespieten door de verwarming komen, valt alles binnen de grenzen van het mogelijke.

Ik hoorde van een vriend die opgroeide in de buurt van Haarlem dat daar de vraag 'Anders nog iets?' altijd werd beantwoord met 'Anders nog niets!'. Dat slaat helemaal nergens op. Er zijn dus nog steeds mysteries die opgelost moeten worden.

Gelukkig maar, want verder is er zo ontluisterend veel duidelijk geworden. Ergens in de jaren negentig kwam ik erachter dat mijn moeder helemaal niet 'Blote benen' riep, maar 'Nota bene'.

EEN BLIK

'Dus het is, bij wijze van spreken: trek een blik van die muggen open en laat ze maar los in zo'n gebied?' Deze vraag werd op de radio gesteld aan een hoogleraar die mocht praten over genetisch gemodificeerde muggen die het zikavirus zouden moeten tegengaan. 'Ja, letterlijk,' zei de hoogleraar, 'ze trekken letterlijk een blikje met van die mugjes open.'

Wow, het is sowieso al zeldzaam dat het woord 'letterlijk' wordt gebruikt op een manier die niet stiekem-toch-figuurlijk is. ('We waren letterlijk helemaal dood na die wandeling.') Maar dit was helemaal mooi, omdat je bij 'een blik opentrekken' echt niet verwacht dat dat ooit letterlijk bedoeld wordt, tenzij het over bonen of sardines gaat.

Ik weet niet wie 'een blik' is gaan gebruiken in overdrachtelijke zin, maar het is er wel al een hele tijd. 'Ja hoor, typisch *Nieuwsuur*. Er wordt weer een blik deskundo's opengetrokken die allemaal mogen leeglopen over het dreigingsniveau.' Of: 'Nou, je begrijpt, één opmerking over feminisme en er wérd me op internet weer een blik negativiteit opengetrokken.'

Inblikken is de mooiste bewaarmethode die er is, maar sinds het blik het domein van het overdrachtelijke heeft betreden, staat het voor de ultieme voorspelbaarheid, voor het zinloze en het nutteloze. 'Er werd voor de sinterklaasintocht weer een blik agenten opengetrokken, maar denk maar niet dat dat íéts uithaalde.'

Waarom wordt juist het blik geassocieerd met iets negatiefs? We zeggen nooit: er was weer een bos agenten losgelaten. Of een zak secretaresses. Of een mud kleuters.

Op de radio was iedereen inmiddels bekomen van het ongelooflijke feit dat er létterlijk een blik muggen werd opengetrokken. En toen zei de hoogleraar: 'Of in dit geval: een kooitje.' Hè, jammer. Dus toch niet letterlijk een blik.

Gelukkig was het allemaal wel weer poëtisch genoeg om de rest van het gesprek weg te dromen rondom de kwestie: hoe ziet dat er dan uit, zo'n kooitje voor gemodificeerde mugjes?

PITTIG

Een van mijn vroegste taalobsessies ging over het woord 'heet'. Was het eten dat ik in mijn mond gestopt kreeg heet in de zin van dat het nog kon afkoelen? Of was het heet omdat er veel peper in zat? Als er duidelijkheid moest komen, dan kwam het woord 'pittig' om de hoek kijken.

Dat soort 'pittig' klinkt heden ten dage een beetje truttig. Ik zie een in mosgroen gehuld stel voor me dat per ongeluk in een Thais restaurant is terechtgekomen. 'Niet te pittig, alstublieft,' zeggen ze. En dan krijgen ze dat ene met die cashewnoten. De moderne mens vindt eten niet meer te pittig. En als iets wel te pittig is, dan is het 'spicy' of 'hot'.

Pittig wordt nu ook breder gebruikt, zoals op deze manier: 'Ik heb het schuurtje helemaal opnieuw geschilderd. Nou, daar heb ik nog een pittige klus aan gehad.' Maar pittig kan ook iets positiefs betekenen: 'Magda is een pittig vrouwtje, zoals ze die hele voetbalkantine in haar eentje bestiert.' Of: 'Jaaa, die Katinka, dat vind ik wel een pittig ding.'

De laatste tijd hoor ik 'pittig' echter ook vaak in combinatie met anekdotes rondom de zwaarte des levens. 'Ik had een romantisch weekendje weg gepland, maar ergens halverwege liet Rogier weten dat hij het niet meer met me zag zitten. Dat was dus nogal, ehm, pittig.' Ouders van kleine kinderen vinden ook veel pittig: 'Nou ja, we hebben het eerste jaar overleefd, zullen we maar zeggen, maar het was wel héél pittig.'

Je kunt afschuwelijke dingen pittig noemen om ze niet al te dramatisch te maken. De toehoorder moet er tenslotte ook nog wat mee. Als je in een gesprek na drie zinnen zegt: 'Het was het verschrikkelijkste weekend uit mijn hele leven', ontneem je de ander de mogelijkheid om te zeggen: 'Hé, maar ik wilde het even kort houden, want ik moet nog naar de Hema.' Dat mensen 'pittig' zeggen doen ze om elkaar naar de Hema te kunnen laten gaan, en dat is dus alleen maar sympathiek.

VERBOEREN

Vroeger, de tijd dat we allemaal nog van nature mindful waren, naar ons lichaam luisterden en nog wisten waar ons eten vandaan kwam. Vroeger, toen vergeten groenten nog niet vergeten waren maar gegeten werden door arme mensen. Vroeger, toen er nog geen supermarkten bestonden omdat het woord 'super' nog niet gebruikt werd, omdat er niets super was. In dat gezegende vroeger gingen moeders naar de groenteboer en de melkboer. En die kleine middenstanders werden boer genoemd, omdat ze van oorsprong ook echt boeren waren.

Nu, in een tijd dat 'mensen die iets verkopen' in de eerste plaats in de retail zitten, een conceptstore hebben en zoeken naar een balans tussen food en nonfood, missen we de boer met zijn rode wangen en zijn eerlijke knuisten waarmee hij zojuist nog radijzen uit de grond heeft lopen rukken.

Dit soort boeren kom je alleen nog maar tegen op de open dag van de boerderij, of anders op de plaatjes in de supermarkt, met teksten als 'Evert Grondslag teelt Elstar-appels voor Albert Heijn' erbij.

Vanwege het gemis aan echte boeren zijn er boeren bij verzonnen. Neem de keukenshowroom. Die wordt nu toch vrij algemeen 'de keukenboer' genoemd. Dat is weliswaar een extreem lelijk en deprimerend woord (net als 'keukenshowroom' eigenlijk), maar keukenboer klinkt goedkoper, alsof de middle man ertussenuit is gehaald.

Vanwege deze goedkope en toch gezonde bijsmaak is niet alleen de keukenbranche onderhevig aan verboering. Hoe moderner en duurder, hoe meer verboering. Zo bestaat de computerboer. De stoelenboer. En de fitnessboer. En zelfs (dit vind ik verrassend) kom ik op internet mensen tegen die het over 'de yogaboer' hebben.

Het is dus inmiddels niet meer de vraag wat je allemaal kunt verboeren, maar meer wat je níét kunt verboeren. Ongeveer het enige wat mij lastig lijkt is 'koffieboer', omdat dat toch in de eerste plaats refereert aan iemand die daadwerkelijk koffiebonen verbouwt. Dus om die man met die gecoiffeerde baard en dat schort en dat espressoapparaat dan ook een koffieboer te noemen – dat werkt niet. Hoewel je dat makkelijk zou kunnen omzeilen door deze persoon 'espressoboer' te noemen, of 'cappuccinoboer'.

DE DIKKE DUIM

Op de radio had iemand het over een leugen die aan het licht was gekomen. 'Ja, daar klopte niks van. Dus die verhaaltjes mogen weer lekker terug de dikke duim in.'

Dat er van alles uit dikke duimen wordt gezogen is tot daaraan toe. Maar dat er nu ook weer dingen terug de duim in moeten, nee. Hoe moet dat dan? Terugblazen? Het klinkt vies, en gevaarlijk – alsof je er trombose van kunt krijgen.

GRANDEUR

Ten tijde van de tweede feministische golf was er nog geen e-mail, anders had de golf zich vast uitgesproken over het volgende: de out-of-officereply. Het valt mij op dat vooral vrouwen die instellen. Bij een lange vakantie kan ik het me nog voorstellen, even laten weten dat je pas in september weer gaat antwoorden. Er zijn echter veel overijverige vrouwen die elke week hun out-of-officereply aanzetten, waardoor iedereen die ze mailt te weten komt: aha, elke vrijdag zorgt zij blijkbaar voor de kinderen. Mannen die één dag per week niet bereikbaar zijn, zijn meestal gewoon niet bereikbaar, dat merk je niet eens. De overijverige vrouw denkt dat ze door haar out-of-officereply laat weten dat ze heel serieus met haar werk bezig is, terwijl het effect juist is dat de lezer denkt dat deze vrouw weinig werkt.

De les die we hieruit trekken is deze: niet alles maar willen vertellen en benoemen. Laat mensen het lekker zelf uitzoeken. Of niet.

Ik moest hieraan denken toen ik een bericht las over de nieuwe Nederlandse vlag in de Tweede Kamer. Er was al een vlag neergezet, maar die leek op een cocktailprikker. In plaats van het ding weer weg te halen en het er nooit meer over te hebben, kwam er nu een tweede vlag, een grotere, met 'meer grandeur'. De standaard van deze vlag had een voet van perenhout en een mast van gepareld roestvrij staal. Zo werd dat bij de introductie van de grandeurvlag beschreven op de website van de Tweede Kamer.

En van zo'n beschrijving denk ik dus: had er maar helemaal geen melding van gemaakt. Zet dat ding nou maar neer met grandeur en al. Want op deze manier gaan mensen júíst denken: perenhout? Wat *nineties*. Gepareld staal? Buitengewoon ongepast voor een vlaggenmast.

Sowieso heeft het gedetailleerd beschrijven van grandeur iets heel ongrandeur-achtigs. De koning gaat toch ook niet zeggen: 'Kijk, dit is ons ontvangstzitje, en het mooie is dat het borduursel van echt zijde is. Dat geeft net wat meer cachet, vinden wij.'

Echte grandeur is: neerzetten, niet lullen. Nog echtere grandeur is: niet eens iets neerzetten.

Veel mensen vinden Valentijnsdag een walgelijk exponent van de Amerikaanse consumptiecultuur, een commodificatie van de liefde, en nog buitensluitend ook, want wat moet een 'alleengaande' op Valentijnsdag? En daarbij: 'Ik ga toch niet een kaart schrijven omdat de firma Hallmark vindt dat ik dat moet doen?'

Aan de andere kant: is niet elke reden om iets leuks te doen voor degene van wie je houdt, een goede? Ook al is die opgedrongen?

Rond Valentijnsdag zag ik overal in de stad affiches hangen waarop een meisje stond dat een doos Merci-chocolaatjes kreeg. Ze keek heel blij. Mijn eerste reactie was: o, wat treurig, dit zal ongeïnspireerde jongens aanzetten om inderdaad zo'n doos Merci te gaan kopen. Misschien kopen ze die wel bij een tankstation, samen met een bloemetje in cellofaan. De tweede gedachte was een afkeer van mezelf: wie ben ik om te beoordelen uit wat voor hart die chocola komt! En wat maakt het uit dat die op een tankstation gekocht is! Er zijn hordes mensen die nooit eens iets leuks doen, en daar zit ik me toch ook niet aan te ergeren?

Misschien heeft mijn afkeer van Valentijnsdag wel te maken met het feit dat er de laatste tijd al zo veel gevierd moet worden. Bijvoorbeeld het leven zelf. 'Wij viéren het leven!' Je kunt dat een bourgondisch vijftigersstel met een wijnvoorraad zo horen zeggen. Succes moet gevierd worden. Vieren dat het even helemaal niet meer ging, maar dat je daardoor juist heel erg de prioriteiten op een rijtje hebt. En als je het te druk hebt met alles vieren, kun je ook de teugels laten vieren en de dingen laten komen zoals ze komen. En dat dan weer vieren.

GIRI

In het Japans heb je een woord voor sociale verplichting. Dat woord is *giri*. Met Valentijnsdag geven de mannen op kantoor de vrouwen chocola. Dat heet *giri-choko*. Het kan dus nog altijd onromantischer.

MOMENT

In de kiosk hing boven de boekentafel een bord met de tekst: ER IS ALTIJD EEN MOMENT. Er waren hartjes omheen getekend.

De tekst had een hoog waarheidsgehalte. Inderdaad is er altijd wel een moment. Tijd is een lange aaneenrijging van momenten, en als er geen momenten meer zijn, dan is er verder ook niets meer.

Fijn dat het banale Valentijnsdag zo ineens iets diep-filosofisch krijgt.

FAVORIET MOMENT

Als de conducteur omroept: 'Goedemiddag...' en vervolgens vergeet wat hij ook alweer wilde zeggen. Het mooiste is als er na goedemiddag niets meer komt. Het goedemiddag blijft kilometerslang in de lucht hangen.

DEKRASIE

Voor wie het programma *Heel Holland Bakt* nog nooit gezien heeft omdat hij/zij alleen goedgekeurde documentaires kijkt: het is een bakwedstrijd, gebracht door Omroep Max. Elke week valt er een kandidaat af (en de rest komt denk ik aan). In de jury zit een culinair journalist die Janny heet, en een Brabantse patissier met de naam Robèrt.

Robèrt is een man die je graag in je familie zou willen hebben, qua algehele gezelligheid, maar ook qua wat hij op verjaardagen mee zou nemen in een grote vierkante witte doos.

Belangrijk bij elke taart en elk taartje is de dekrasie, aldus Robèrt. Een marsepeinroosje hier, een fondantroosje daar. Want pas met de juiste dekrasie ziet een baksel er 'schoon' uit, en dat is essentieel. 'Zou ik zo in de winkel neerzetten,' zegt Robèrt, en dat is de hoogste eer.

In mijn leven is nooit zo veel ruimte voor dekrasie.

Ik ben al blij als er iets lekkers uit de oven komt, en de dekrasie laat ik dan maar even zitten.

Ik vraag me ook af of alle nadruk op dekrasie wel zo verstandig is. Is het niet beter om iets te maken wat er niet uitziet, om daarna iedereen weg te blazen met de smaak? 'Jeetje, we dachten dat je een berg harde kots voor ons neerzette, maar nu blijkt dit het lekkerste te zijn wat we ooit hebben geproefd!'

Ooit sprak ik een man die als levensles had dat je in het begin van je relatie altijd meteen je slechtste zelf moest laten zien. Dus gewoon ruftend voor de tv gaan hangen, geen geïnteresseerde vragen stellen. Ook veel belangrijke kalendermomenten vergeten. Op die ma-

nier kon je later ook niet tegenvallen. Hij presenteerde zichzelf, om in *Heel Holland Bakt*-termen te spreken, zonder dekrasie. Nu is het makkelijk om zo iemand af te schrijven als een gevaarlijke zonderling, maar hij had toevallig wel gewoon een vrouw en kinderen, en niemand in dit felrealistische gezin leek bijzonder ongelukkig.

LANGER WORDEN

Wat ik kinderachtig vind is dat sommige landen zo bezitterig doen over het woord voor personen die ze de ruimte in schieten. De Amerikanen hebben astronauten, de Russen kosmonauten en de Chinezen taikonauten. Dat je een eigen woord verzint, prima, maar er vindt ook een pr-parade rond zo'n woord plaats. Wij hebben het intussen ook keurig over een kosmonaut als het een Rus betreft. En we hebben het idee dat we correct bezig zijn als we een Chinese ruimtevaarder een taikonaut noemen.

Laatst had ik heel veel empathische gevoelens voor de Japanse astronaut (die noemen we dan weer gewoon astronaut, en geen *uchuu hikoushi*) Norishige Kanai, die dacht dat hij in de ruimte negen centimeter langer was geworden. Eerst dacht ik dat hij een beetje mal was geworden daarboven. Maar het is wel degelijk zo dat astronauten in de ruimte langer worden, doordat hun wervels daar niet meer door de zwaartekracht in elkaar worden gedrukt. (Dit gegeven vind ik deprimerend. Dat wij, gewone zielen, ons op aarde moeten voortslepen terwijl we continu in elkaar gedrukt worden!)

De Japanner maakte zich zorgen over hoeveel hij was gegroeid. Want zou hij bij het verlaten van het International Space Station nog wel in de Sojoezraket passen? Zo niet, dan zou hij misschien wel voor eeuwig moeten ronddraaien in het ruimtestation. Lang, maar ongelukkig.

Alleen had Kanai zich vergist. Een meetfout, hij was maar twee centimeter langer. Ik denk dat hier de wens de moeder van de gedachte is geweest. Een béétje langer zijn, dat willen veel mensen, Japanners al helemaal. Ik kan me helemaal voorstellen hoe dat is gegaan in het ruimtestation. 'Jongens, ik ben negen centimeter langer!'

'Weet je dat wel zeker, Norishige?'

'Ja! Misschien pas ik niet meer in de raket!'

'Nou, laten we het maar even aanzien.'

'Ik heb het alvast getwitterd!'

Uiteindelijk was er een nuchtere Rus die voorstelde om Norishige nog even na te meten. Waarna Kanai zich, zoals het een Japanner betaamt, kon gaan uitputten in excuses, omdat hij fake news had verspreid.

Ik heb jarenlang gedacht dat ik 1 meter 72 was. En misschien was ik dat ook wel. Maar dan heeft de allesverdrukkende zwaartekracht ervoor gezorgd dat ik kleiner ben geworden. 1 meter 71, wat ik net wat lulliger vind dan 1,72. In mijn paspoort staat nog steeds

1 meter 72. Ik laat het maar zo, voor eventuele toekomstige fluctuaties in de zwaartekracht.

È

Vroeger kon je woorden op twee manieren benadrukken. Lange klinkers kregen een accent aigu: 'Maar kun je mij nu één reden geven om er géén zaak van te maken?' Korte klinkers kregen een accent grave: 'Ècht? Maar wèrk je dan nog wel?'

Dit laatste is op een bepaald moment, onder invloed van duistere krachten, veranderd. Het is nu: 'Écht?' Dat ziet er raar uit. Er hebben zich bij mij al vele boze mensen gemeld, die vanuit hun woede en verdriet denken dat ik over de taal ga. Helaas. Het enige wat ik erover kan zeggen is: het ís niet anders.

Heden ten dage komt de è nog maar zelden voor, je ziet hem eenzaam rondhangen in woorden als blèren en première. En daar heeft hij zijn korte, levenslustige nadruk ingeruild voor een langgerekte, zuchtende zeurklank. Over deze langgerekte zeurklank wil ik het hier eens hebben.

Er zijn behoorlijk wat woorden met een zeurklank erin. Denk aan 'migraine': een heel nare ziekte. Maar waarom moet zo'n nare ziekte zo'n vervelende, zeurderige naam hebben? Daardoor lijkt het een ingebeelde zeurziekte, terwijl het dat niet is.

Dezelfde klank komt voor in het woord 'beige'.

Beige. Er schijnen mensen te zijn die houden van deze kleur. Dit is moeilijk te begrijpen. Bij het horen van het woord beige stel ik me automatisch een appartement voor in een flatgebouw. Er staat een beige bankstel. Voor het raam staat een vrouw in een beige jurk verbeten te roken. Bèèège.

En dat brengt mij op een ander zeurwoord waar ik helaas zelf veel mee te maken heb, en dat is het woord 'cabaretière'. Dat schijn ik te zijn. Ik probeer mijzelf consequent 'cabaretier' te noemen. Niet dat dat nou zo'n leuk woord is – verre van zelfs ('Mensen, wat een gekkigheid toch allemaal, hè'). Maar het eindigt in een vrolijk 'jééé!', in plaats van dat beige, migraine-achtige, derrière-achtige cabaretière. Misère.

De enige wezens die de è op een levenslustige wijze weten te uiten, zijn de schapen. 'Bèèè!' roepen zij. En dan krijgen wij zin in de lente.

VERLOF

Bij het woord 'verlof' denk ik er altijd dwangclichématig achteraan: met ham en kaas. Verlof klinkt niet lekker, alsof je normale leven zo stom is dat je er verlof van nodig hebt.

Toen ik zelf met zwangerschapsverlof was, doken er vrouwen in mijn omgeving op die kleine deprimerende opmerkinkjes maakten over het moederschap. Bijvoorbeeld: 'Nou, geniét van je laatste weken rust.'

Met een blik alsof dit de laatste weken ooit waren. Of: 'En, trek je het allemaal nog?' Ik: 'Ja hoor, beetje moe alleen soms.' Antwoord: 'Haha, nou, nú zit het er nog in!' (Subtekst: als 'het' eruit is, wordt alles pas echt verschrikkelijk.)

Ik kon me niet voorstellen dat deze vrouwen stuk voor stuk teleurgesteld waren in het moederschap. Het leek me eerder een vorm van Nederlandse kordaatheid, waarbij het als slijmerig of zweverig wordt gezien om ongenuanceerd blij te zijn met je kind. Of misschien was het alleen maar heel aardig bedoeld, als een voorzet om mij 'klaagruimte' te geven, mocht ik die later nodig hebben.

Of, en dat leek me het waarschijnlijkste, waren het lege bezweringen. Overblijfsels uit de afgelopen eeuwen, toen alle vrouwen keukensloof waren, bezwangerd werden door de heer des huizes en moesten baren in een vochtige tbc-kelder. Met een ondervoede peuter aan de tiet, vettige haarslierten uit het gezicht duwend. Kauwend op een stuk reuzel.

Dat iedereen in mijn omgeving (en ikzelf al helemaal) ver in de dertig was voordat een diepe kinderwens eindelijk in vervulling ging, was blijkbaar geen reden om afstand te doen van die 'meid, *I feel your pain*'-toon.

Er was ook een ander type vrouw. De vrouw die meteen haar handen om je buik heen vlijde en zei: 'Als je je kind voelt bewégen. Dat is het mooiste wat er is.' Met tranen in de ogen. Deze vrouwen hadden schijt aan kordaatheid of aan de schaduwzijden van het leven, en ook aan tbc-kelders. Mijn advies aan alle zwangere vrouwen: richt je vooral op deze types.

WAT IS WAT

Lezen met een e-reader heeft een voordeel: je kunt een woord aantikken en dan krijg je de definitie van dat woord te zien. Hartstikke handig.

Op een zonnige lentedag zat ik buiten te lezen en daalde er een vlieg op mijn e-reader neer. Hij ging zitten op het woord 'wat'. In beeld verscheen, speciaal voor de vlieg, de definitie van het woord 'wat'. Het had iets bevredigends om op een nietsvermoedende lentedag ineens te weten te komen wat wat was.

NOG

Lente, moeilijk jaargetijde. Is het nou koud of warm? Op straat zie je meteen het verschil tussen de pessimisten en de optimisten, de warmbloedigen en de hagedissen. Er zijn levenslustige types die meteen in T-shirt de straat op gaan. Van een afstand kun je niet zien of ze kippenvel hebben, wel dat ze blij zijn met hun keuze. 'Hier loop ik, in mijn T-shirt. Ha!' Er zijn ook types die gewoon nog met hun sjaal rondlopen, en soms zelfs met hun winterjas. (Was er in het volwassen leven maar gewoon een basisschooljuf aan wie je kon vragen: 'Mogen we met zonder jas?' En dat je dan een duidelijk antwoord kreeg.)

Mensen die het nooit koud hebben: dat zijn benijdenswaardige mensen. Je vermoedt dat ze ook goed met honden kunnen omgaan en dat alle kinderen ze leuk vinden. En dat ze een schuur kunnen bouwen.

Iedereen die net als ik kouwelijk is aangelegd, kan zich behelpen met de volgende zin:

'Anders nog best fris, nog.'

Nog. Een woord dat als je het vaak genoeg achter elkaar zegt, klinkt alsof de cro-magnonmens het ook al zei. Nog nog nog.

'Nog' zegt iets over wat er is, maar niet meer voor lang. 'Nog' gaat over vergankelijkheid. Een ideaal woord voor de lente.

Het woord wordt ook op een paar andere mysterieuze manieren gebruikt. Ten eerste in de volgende situatie. Een man staat in een witgoedzaak. Hij wijst op een droger en vraagt: 'Wat kost dat nou nog?' Hij heeft het niet over een oud model dat hij vroeger al eens aanschafte. Hij weet niet wat het ooit kostte, noch weet hij wat het zal gaan kosten. Hier geeft 'nog' eerder de suggestie dat je weet waarover het gaat. 'Toen ik zelf in de witgoedbranche zat...' 'Nog' als ongedefinieerd jargon. Of als onderhandelingsstrategie: 'Wat een stuk schroot, wat durf je daar toch nog voor te vragen?'

Ten tweede is er een bepaald type bejaarde dat 'nog' gebruikt in plaats van 'ook'. 'De thuiszorg is geweest, en wat zei ze nou nog maar weer... O ja, ik moet meer water drinken.' Dit 'nog' vertedert mij.

Verder is het woord 'nog' vooral handig om nostalgisch mee te Benny Neymannen: 'Waarom fluister ik je naam... nog?' Waarbij voor optimaal metrisch effect 'fluister' moet worden uitgesproken als 'verluister'. Maar daar gaat het nu niet om.

BENOEM

Iemand in mijn omgeving werd voor de landelijke verkiezingen per brief benoemd tot Teller, met een hoofdletter T. Deze persoon was daar erg verguld mee, omdat hij nooit eerder ergens toe benoemd werd. Eindelijk een officiële functie.

De voldoening zit 'm in dat woord 'benoemd'. Benoemen is een mooi woord, want door een benoeming wordt iemand iets wat hij daarvoor niet was. Een van de weinige momenten dat een woord een daad is, zonder dat er verder een handeling aan te pas hoeft te komen. Als de juiste persoon zegt: 'Ik benoem je tot (vul maar in)', dan ís dat zo.

Maar er is ook een andere kant van dat woord. Ergens in de jaren tachtig, negentig is benoemen juist iets heel onofficieels geworden. Iets vaags en omcirkelends. We kennen het sinds die tijd uit zinnen als: 'En probeer dat gevoel nou eens te benoemen?' En: 'Ik hoor dat je moeite hebt om jouw drive te benoemen, en daar gaan we dus aan werken.' Therapieën, trainingen, cursussen tot zelfverbetering, er wordt wat afbenoemd vanuit de gedachte: als iets benoemd is, mag het bestaan, 'mag het er zijn'. En dan kun je je er, binnen dezelfde sfeer, 'toe verhouden'. Om daarna iets in jezelf te herkennen, maar ook te érkennen. Want dat zijn belangrijke dingen.

Omdat bijna iedereen wel eens in therapie of op cursus/training is geweest, heeft iedereen het over benoemen, ook buiten de therapiesetting om. Dat je nog benoemd kan worden tót iets, tot Teller met een hoofdletter bijvoorbeeld, zag er op papier ineens nostalgisch uit.

Het slaat natuurlijk nergens op, maar soms vraag ik me af wat woorden hier zelf van vinden. Hoe zou het zijn om eeuwenlang het officieelste woord op aarde te zijn geweest en jezelf dan ineens, met steeds grotere frequentie, te bevinden in een setting met een systeemplafond, een whiteboard en bekertjes lauwe koffie? Of juist met een klein tafeltje, twee kuipfauteuiltjes, een doos Kleenex en een tikkende klok? Heb je daarvoor gekozen, als woord? Het is een beetje alsof Piet Hein Donner gedwongen aan de slag zou moeten gaan als euritmie-instructeur.

Nogmaals, het slaat nergens op, maar soms kan ik zo'n medelijden hebben.

Iemand stuurde mij een foto van een beschrijving van een wijn, in krullerig handschrift neergepend door de uitbater van een slijterij.

'Heerlijk zo'n ouderwetse Zuid-Franse wijn met karakter. Rijk van smaak met een toefje stevigheid die hem zo aantrekkelijk maakt. Dit is wijn zoals wijn bedoeld is, denk ik.'

Het was de eerste wijnbeschrijving die ontroering bij mij teweegbracht. Het tekstje begint vol goede moed, met het bombast dat wijnkenners eigen is. Karakter, toefje stevigheid, aantrekkelijk, het kan niet op. De schrijver van het tekstje wil eindigen met een klinkend 'Dit is wijn zoals wijn bedoeld is!' Maar ergens tijdens het opschrijven van deze laatste zin is de twijfel toegeslagen. Is wijn eigenlijk wel zo bedoeld? Er zijn misschien ook mensen die vinden dat Grüner Veltliner de wijn-zoals-wijn-bedoeld-is, is. Heeft wijn überhaupt een bedoeling? Door wie wordt wijn bedoeld? En wie ben ik om hier te verkondigen hoe wijn bedoeld is?

Om van deze innerlijke discussie af te zijn heeft de slijter er 'denk ik' achter gezet. Zo. Een vermoeden, daar kun je niet op gepakt worden.

Het gekke is dat 'denk ik' ongeveer het beste is wat je kunt zeggen – het is eerlijk en het geeft aan dat je begrijpt dat je de wijsheid niet in pacht hebt. Toch is 'denk ik' niet wat mensen willen horen.

Ooit schaafde ik een venkelknol, maar door een moment van onoplettendheid schaafde ik mijn pink mee. Dag vegetarische salade, hallo eerstehulp. Tijdens die medische interventie had ik het volgende gesprek:

Ik: 'Goed, dus verder is het gewoon een kwestie van aankijken?'

Dokter: 'Ja, dat kun je doen.'

Ik: 'Maar is dat ook medisch verstandig?'

Dokter: 'Ja, dat is wel een goed idee, denk ik.'

Kijk, daar was de 'denk ik' weer! Natuurlijk had de dokter gelijk: hij wist ook niet honderd procent zeker of dat 'aankijken' de juiste actie was. Maar je verlangt juist naar zekerheid, als patiënt. Dit 'denk ik' deed bij mij de paniek toeslaan.

Ik: 'Oké, want ik zal maar even zeggen wat nu mijn grootste angst is: dat er een streptokok in komt en dat mijn hand dan afgezet moet worden.'

Mijn subtekst was: en nu een geruststelling, dokter! Maar nee. Hij keek mij rustig aan en zei: 'Daarom is het denk ik goed om het in de gaten te houden.'

PASS

Er zijn mensen die 'de Paas' zeggen. Ik vind dat altijd wel gezellig klinken. Mensen die 'de Paas' vieren, hebben jarenlange paastradities met paastakken en een paasoutfit. Iets met wit en geel.

Zelf zeg ik Pasen, en verder dan een paasontbijt komt het dan ook niet bij mij. Hoewel.

Rond Pasen moet ik altijd denken aan mijn gymleraar van vroeger. Het waren de jaren negentig en ik zat op het gymnasium. Dat betekende destijds dat gym er niet toe deed. De band Nirvana was in, dus iedereen had lang haar en niemand spieren. Gym werd algemeen gezien als een onbelangrijk vak, en de gymleraar was een onbelangrijke man.

De gymleraar trok zich van deze opvattingen niets aan. Hij had een modern kapsel met gelstekeltjes (in plaats van wat wij dus hadden, namelijk 'geen kapsel'), een glimmend trainingspak en snelle gympen. Hij was een andere diersoort waar wij ons twee keer per week over konden verwonderen. Hij gaf ons serieuze cijfers voor bijvoorbeeld bokspringen, terwijl wij zulk soort oefeningen alleen vol ironie en zelfhaat konden doen. Epke Zonderland bestond nog niet.

Het lijkt mij heel erg om mensen die niet willen bewegen gymles te geven, maar deze gymleraar had echt passie voor de sport. Wij konden daar met onze onwil niets aan veranderen. Niet dat ik het toen besefte, maar daarmee heeft hij ons toch iets geleerd. Hij volgde zijn eigen pad en was immuun voor hoon.

We moesten van hem heel vaak basketballen. Ons probleem was dat we de bal maar zo'n beetje lieten stuiteren en nooit iemand anders bij het spel betrokken. Catullus vertalen doe je in je eentje, maar basketbal moet je samen doen. De gymleraar wilde dat we de bal overgooiden, een pass maakten. 'Pasen! Pasen!' riep hij dan. Daar denk ik ieder paasfeest aan terug. En dat is ook een soort van traditie.

EXIT

Toen we het voor het eerst over de Brexit hadden, was het nog een raar woord. Daarvoor kenden we alleen nog maar de Grexit – en daar hoor je nu niemand meer over.

Een vraag die wat mij betreft in deze kwestie nog niet beantwoord is, is deze: wat is een viezer woord – Grexit of Brexit?

Brexit lijkt mij een high-end kattenvoer voor katten met nierstenen. Grexit is meer het kattengrind waarop de nierstenen uitgeplast worden.

Brexit klinkt als een kleefpasta die op muren kan worden gesmeerd, en die bij inkomend vocht vanzelf uitzet en zo het vocht buitenhoudt. ‘Stijgend grondwaterpeil? Just Brex-it!’ Grexit, daarentegen, zijn korrels die in een kruipruimte worden gestrooid om onverklaarde rioolgeuren op te nemen.

Grexit B.V. zou ook heel goed het bedrijf kunnen zijn dat een paar jaar geleden op het bizarre idee kwam stenen in kooien te stoppen, en daar muurtjes van te maken. (Terzijde: als een steen in een kooi zit, krijgt de steen ineens iets treurigs – alsof hij graag zou willen ontsnappen, terwijl een steen er normaal altijd wel tevreden uitziet. De gekooide stenen worden gebruikt om de terrassen van angstaanjagende horeca-etablissementen te voorzien van extra dreiging en tristesse.)

Brexit B.V. is een heel ander bedrijf: dat doet aan zorgvuldig sloopwerk met behoud van authentieke details.

En andere landen dan? Het ziet er nu niet naar uit, maar het kan natuurlijk dat Frankrijk op een gegeven moment ook niet meer mee wil doen. Dat wordt dan een Frexit (rubber ondergoed dat toch niet omhoogkruipt). Duitsland wordt een Dexit (een milieuvriendelijke uitvaartmaatschappij). Portugal? Een Pexit (een homeopathische zalf tegen hartritmestoornissen). Nederland wordt een Nexit, wat klinkt als een zoekmachine op internet die bij de presentatie al verouderd was.

COMPUTEREN VOOR MENSEN VAN NU

Toen ik halverwege de jaren negentig aan mijn oma (1907) uitlegde wat 'het internet' was, probeerde ik dat te doen aan de hand van technologieën waarmee ze vertrouwd was. 'Een computer is een typemachine met een tv eraan. En die computer zit dan weer gekoppeld aan een telefoon, waardoor hij andere computers kan opbellen.' Mijn oma was altijd bereid mee te gaan in moderniteit, maar ik zag aan haar gezicht dat ze dacht: dat kan wel zo zijn, maar waarom zouden computers elkaar willen opbellen?

Ja, waarom? We lieten het onderwerp verder rusten. Wel nam ik me voor om 'mee te blijven gaan met mijn tijd'. Het leek me wel cool om een bejaarde te worden die nog precies weet wat er speelt.

Nu al merk ik dat mijn voornemen aan het mislukken is. Ik kwam tot dit besef door Minecraft. Iedereen met kinderen in z'n omgeving kent Minecraft. Het is een tijdje heel populair geweest, het populairste spel ooit zelfs, op Tetris na. Inmiddels zijn er alweer andere games voor in de plaats gekomen, ik noem Fortnite, al is het maar zodat mensen die echt weten hoe het zit nu met hun ogen kunnen rollen en zeggen: 'Fortnite! Wie dóét dat nog.'

Maar goed, bij mij begon het dus bij Minecraft. De bedoeling van het spel is dat je met vrij lelijk uitziende blokjes een wereld bouwt. Voor die blokjes moet je zelf de grondstoffen verzamelen. En o ja, als het nacht wordt, komen er zombies die je dood moet maken, anders maken zij jou dood.

Ik vond dat ik nou eens moest proberen te begrijpen wat het spel inhield, en ook wat er leuk aan was. En nu weet ik dus: ik heb het geprobeerd, en ik begrijp het echt niet. Mijn Minecraft-leraar was een jongen van twaalf die mij geamuseerd-medelijdend vertelde hoe ik één blokje op een ander blokje kon zetten. Zelf was hij bezig met een spel binnen een spel binnen Minecraft, en onderwijl was hij scheetgeluiden aan het uitwisselen met medespelers uit Hongarije.

Na een uur heb ik het opgegeven. De tijd is voortgeschreden zonder mij. Het is nu wachten tot internetbankieren ook alleen maar via iets als Minecraft kan. Dat je naast een puber zit die je het zo makkelijk mogelijk probeert uit te leggen. Die de stappen voor je op een papiertje schrijft.

Ik moet denken aan die beelden van Wim Kok die

een muis als afstandsbediening probeerde te gebruiken. Dat lijkt nog maar zo kort geleden. De tijd gaat sneller dan de mens.

FJOE

Om de een of andere reden luisterde ik naar een radio-interview dat Annie Schmidt in 1977 gaf. Los van dat het heerlijk was om Annie Schmidt te horen praten (onder meer over 'versjes', een mooi woord), was het ook interessant omdat ze dingen zei waarbij ik me ineens realiseerde: o ja, dat zeiden mensen toen ik klein was. Het sterkst had ik dat bij het volgende. Annie zei 'interview', in plaats van 'interview'. Ik herinnerde me dat het vroeger inderdaad een interview heette. Dat ik dat nog weet, betekent dat dat tot minstens halverwege de jaren tachtig in zwang moet zijn geweest.

Ergens tussen de jaren tachtig en nu is het besef dus ingedaald: we zeggen het verkeerd. Engelstalige mensen, van wie we het woord 'interview' geleend hebben, zeggen allemaal interview. Niet alleen in Amerika. Ook in Engeland.

Interview klinkt vandaag de dag raar, maar wel gezellig. En huppelig. Het lijkt of er een opluchting aan het eind van het woord zit. Inter-'fjoe! Dat hebben we weer gehad!' (zie tekening)

We zeggen het nu correcter dan eerst – hoewel, wie bepaalt er dat je leenwoorden tot op de klemtoon

moet lenen? Mag je niet zelf je klemtoon bepalen?

Hoe het ook zij, we hebben die klemtoon nu naar voren gehaald. Dat doen we de laatste tijd wel vaker. Vroeger zeiden we helemaal, nu steeds vaker helemaal. Biologisch hoor je ook vaak, in plaats van biologisch. Speciaal. Dat is vaak niet bedoeld als extra nadruk. Als wat dan wel? Geen idee. Misschien (misschien) vinden we die klemtoon op de laatste lettergreep te huppelig. Te veel als een versje. Jammer hoor.

HBD

Ik zag ergens de afkorting hbd. Moest ik googelen. Het klonk een beetje als bedrijfshulpverlener of zoiets. Maar het was Happy Birthday. Ik vraag me af hoe blij je precies moet zijn met een afkorting als felicitatie. Aan de andere kant is het ook weer beter dan niks, en dat is wat ik mensen meestal stuur.

JOUW MOOI

Op het station zag ik in het voorbijgaan een affiche waarop stond: FONQ VIND JOUW MOOI.

Het zag eruit alsof er een T te weinig stond en een W te veel. Dat leek me te raar om per ongeluk gebeurd te zijn. Ik besloot daarom dat de onlinewinkel Fonq aan een ingewikkeld soort branding deed: omdat de bedrijfsnaam Fonq eruitziet als een dyslectische schrijfwijze van Vonk, hadden de marketingmanagers besloten de dyslexie te omarmen en expres spelfouten in hun affiches op te nemen. Ik vond het een ingewikkeld concept, aan de andere kant was ik er wel al tien minuten over aan het nadenken, dus blijkbaar werkte het.

Alleen bleek dit niet het geval te zijn. Het stak heel anders in elkaar. Fonq had besloten om het bijvoeglijke naamwoord 'mooi' te behandelen als een zelfstandig naamwoord. 'Mijn "mooi" kan weer anders zijn dan jouw "mooi".' Als je dan ook nog een dubbelepunt visualiseert na Fonq en het zo als een advies/bevel van dit bedrijf interpreteert, dan zijn er verder geen spelfouten gemaakt.

Hm. Het blijft een merkwaardige slogan. In het Engels vind ik het net iets minder raar: Find your beautiful. Het probleem is dat in het Nederlands 'vind' en 'vindt' hetzelfde klinken. Zo lijkt het alsof Fonq het onderwerp van de zin is. Had het dan gescheeld als er een uitroepteken had gestaan? 'Vind jouw mooi!' Tja. Nog steeds raar.

Het verzelfstandignaamwoorden van bijvoeglijke naamwoorden gebeurt wel vaker, denk aan 'de leuk', maar om die dan ook nog eens bezittelijk te maken? Bij mijn weten werkt dat alleen met kleuren. 'Dit is echt mijn rood!' kun je uitroepen zonder dat dat raar is. Verder hoop ik dat de bezittelijkvoornaamwoordverzelfstandiging beperkt blijft tot het Fonq-universum. En dat het zich niet gaat uitbreiden naar normaal taalgebruik. 'Mijn lekker is oliebollen.' En: 'Hé, wat is jouw leuk? Naar de film of wandelen in de natuur?' Of: 'Haar verdrietig was dode bloemen.'

Mijn nazistisch is hier een stokje voor te willen steken, maar mijn teleurstellend is dat ik er niets over te zeggen heb.

Eindelijk, het was mooi weer. Een jonge vrouw arriveerde bij het terrasje, waar een vriendin al had plaatsgenomen. Ik zat een tafeltje verderop. 'Lekkerlekkerlekker!' riep de jonge vrouw van verre. 'Zoooo lekker,' antwoordde de vriendin. 'Ik dacht echt van mán ik ga gewoon met mijn reet op een terras zitten.'

Het klonk een beetje onbehaaglijk. Alsof de reet direct geparkeerd was op de tegels van het terras. Zonder broek ertussen.

Maar nu even over dat 'man'. Vroeger werd 'man' gebruikt als aanspreekvorm. Meestal voor mannen, maar soms ook voor vrouwen: 'Hé man, doe even normaal.' Zo wordt het nog steeds gebruikt, maar sinds pakweg tien jaar is 'man' ook in zwang geraakt als algemene aanroep, vergelijkbaar met 'god'. Je kunt bijvoorbeeld zeggen: 'Mán, wat heerlijk.'

Overigens zeggen mannen minder vaak 'man' tegen elkaar. Of liever: ze hebben hun repertoire uitgebreid. Je hoort vrij normale mannen van in de twintig en dertig elkaar aanspreken met 'gast'. 'Dude' hoor je ook. En dat klinkt nu nog wel cool, ergens. Maar als deze jongens/mannen vijftig zijn, zeggen ze het misschien wel nog steeds. En dan zijn 'gast' en 'dude' hetzelfde geworden als wat 'kerel' nu is en krijgen we er hetzelfde muffe VVD-gevoel bij. Dat is niet anders. Dat is vergankelijkheid.

Terug naar de jonge vrouwen op het terras die de lente aan het vieren waren. Die twee gaan carrière maken en zeggen over dertig jaar tegen elkaar: 'Ik dacht van mán ik ga met mijn reet in die Raad van Bestuur zitten. En daar krijgen ze me voorlopig niet meer weg.'

MAN EN SEX

Over de aanspreekvorm 'man' las ik iets intrigerends. In het boek *Intimacy Idiot* van Isaac Oliver staat dat het woord 'man' onder homo's een speciale bijklank heeft: *'Thanks, man = We will not be making love'*. Ook Nederlandse homo's voelen dit zo, ik heb het gecheckt. 'Biertje?' 'Bedankt, man.' O, oké – we houden het netjes blijkbaar.

Volgens mij zijn er voor vrouwen geen woorden waarmee ze richting mannen, of elkaar, meteen kunnen uitsluiten dat er ooit sex zal plaatsvinden.

BONDEN

Soms verkeer je een tijdje in een niche. Dan kan het voorkomen dat je niche-woorden gebruikt die maar zó weinig mensen bezigen dat bijna iedereen ze verkeerd verstaat. Mij gebeurde dat toen ik borstvoeding gaf. Ik stond 's avonds om half elf in een foyer, en in gesprek met een theaterprogrammeur (v) zei ik: 'Nou, ik ga naar mijn kleedkamer, want ik moet nog even kolven.'

'Hè? Golf jij?' was het antwoord. Kolven is blijkbaar iets wat zo buiten de dagelijkse werkelijkheid valt dat het makkelijker is te verzinnen dat iemand om half elf 's avonds in een kleedkamer gaat oefenen met haar golfclub.

Kolven is een niche-woord, en zo zijn er meer woorden die, afhankelijk van de sociale groep waarin je verkeert, anders geïnterpreteerd worden. Kijk maar eens naar het woord boven dit stukje. Als je boven de vijftig bent en in loondienst werkt en wel eens het journaal kijkt, dan zul je denken aan de vakbonden. 'De bonden zijn de onderhandelingen stevig ingegaan.'

Ben je onder de veertig en heb je een vrij beroep, ben je vrouw, hecht je erg aan vriendschappen, ben je gestopt met het eten van gluten en lactose, beschouw je jezelf als een vriendin van de vergeten groenten, weet je niet alleen wat quinoa is, maar spreek je het ook uit als kiénwa en niet als kienóa, en eet je het ook graag, doe je aan pilates of aan bikramyoga, vind je het normaal om grote stukken gember in je thee te kwakken, vind je het leven soms 'best wel heftig', dan is de kans groot dat je 'bonden' ziet als een werkwoord. 'Maaike en ik zijn de enigen bij Bedrijfskunde die op de Vrije School hebben gezeten, dus we kunnen enorm bonden.' Dit 'bonden' komt van het Amerikaanse 'bonding' en gaat over het versterken van toch al bijzonder sterke sociale verbanden tussen vrouwen.

Ik denk dat de groep die bij het woord 'bonden'

denkt aan vakbonden veel groter is dan de groep die het associeert met 'bonding'. Maar dat is nu.

NEE JOH, GEEFT NIET

Wie mag tegen wie 'geeft niet' zeggen? Je zou denken: iemand heeft iets fout gedaan, biedt zijn excuses aan, en de ander, vanuit de goedheid van zijn hart, zegt: 'Nee joh, geeft niet.' Een duidelijke interactie.

De laatste tijd heb ik echter een aantal keer achter elkaar te maken gehad met een 'onterechte-geeft-niet', zoals ik het noem, omdat er geen officiële term voor is. Een voorbeeld. Ik was op een waddeneiland in gesprek met een fietsverhuurder over een fiets die er zou zijn maar er niet was.

Hij: 'Nee, die fiets is er nu niet. Die moest nog gerepareerd worden in het andere filiaal, dat had ik gezegd.'

Ik: 'Nee hoor, dat heb je niet gezegd, maar goed, de fiets is er dus vanmiddag?'

Hij: 'Ja, want ik zei nog, ze gaan hem om twee uur halen, en dan brengen ze hem naar dit filiaal.'

Ik: 'Nou, dat heb ik dan niet begrepen.'

Hij: 'Geeft niet, hoor!'

Je hebt mijns inziens de plicht de medemens met mededogen te bezien en het beste van de situatie te maken, maar als iemand mij mijn 'geeft niet' afneemt door zelf net iets eerder 'geeft niet' te zeggen, dan wordt het toch wel heel moeilijk.

Vermoedelijk ligt de fout bij mij doordat ik de zin 'Dat heb ik dan niet begrepen' gebruikte. Ik bedoelde dat puur aanvallend, zo van 'Dat heb je totaal niet over weten te brengen'. Maar het kan voor de fietsverhuurder zijn overgekomen als 'Ik heb niet goed opgelet'.

En dan gaat zo iemand 'geeft niet' zeggen.

Dit zou nog geen ramp zijn, als de 'geeft niet'-zegger daarmee niet automatisch in de 'topdog'-positie zou komen. Iemand die vergeeft is de landheer die de horige zijn gratie verleent. De horige, op haar beurt, is daardoor helemaal niet meer in de positie om iemand iets te vergeven.

De les die we hieruit trekken is: zeg zo snel mogelijk 'geeft niet', in welk gesprek dan ook. Vergiffenis is een groot goed, vooral voor je eigen gemoedsrust.

C'EST LA VIE

Ergens diep in Limburg reed ik langs een aankondiging voor een nieuwe 'privéclub' die de naam *C'est la vie* had gekregen. C'est la vie, dat zeggen we toch alleen als iets tegenvalt en we daar van onszelf vrede mee moeten hebben? Een onthutsend realistische naam voor een privéclub.

'Jaaaaa, ik ben nu eenmaal heel blauw, haha,' zei een vrouw tegen me. Haha, lachte ik mee, zonder echt te begrijpen wat ze bedoelde. Misschien iets van 'blue', ofwel droevig? Maar zo keek ze er niet bij. Of zou ze iets met watermanagement doen? Ik had mensen tenslotte ook wel eens horen praten over 'de groene ruimte' en 'de blauwe ruimte'. Ik vergat de interactie vervolgens weer, want er worden wel vaker dingen gezegd die volstrekt onbegrijpelijk zijn.

Totdat ik gemaild werd door een vriendin. Zij wees mij erop dat er werkkringen bestaan waarin werknemers door middel van een persoonlijkheidstest worden ingedeeld in vier kleuren. Het schijnt al heel ingeburgerd te zijn, dus voor sommige lezers is dit de open deur van de eeuw. Maar ik ga ervan uit dat er onwetenden bestaan zoals ik.

In die werkkringen heeft 'blauw' te maken met rationaliteit, met op de cijfertjes zitten. Je kunt dus zeggen: 'Even over de blauwe kant van het geheel...' Of: 'Ja sorry, misschien heel blauw van me, maar het lijkt me toch handig als we even precies in beeld krijgen wat...'

Je kunt ook rood zijn – een snelle beslisser die geen zin heeft in lange discussies. Of geel, dan ben je informeel en creatief. Gele personen houden niet van details maar wel van samenwerken. En dan de groene mensen, die zijn heel sociaal maar zeggen ook vaak 'ja' als ze 'nee' bedoelen.

Dit is door iemand bedacht, maar het rare is dat

dit kleurmodel zo aanslaat dat het ook wordt gebruikt buiten de bedrijfstraining om, dus tijdens het dagelijks werk. Er zijn al werkplekken waar je door middel van legoblokjes op je bureau moet aangeven welke kleur je bent, zodat je, en nu komt het, 'op de juiste manier benaderd wordt'. De horror. 'Hé Inge, wil jij dit even kopiëren? O sorry, je bent geel zie ik, met een beetje groen erdoor. Inge, denk je dat jij het gezellig vindt om met mij even te gaan pingpongen over hoe we zorgen dat iedereen een kopie krijgt? Superrr...'

Er doen verhalen de ronde over werknemers die volgens de test niet in een kleur pasten. En dat was onacceptabel. Dus moesten die mensen publiekelijk, op de heidag, zelf 'kleur bekennen', met een kleurcirkel op de grond. 'Nee Sjors, je kunt nou wel heel makkelijk bij geel gaan staan, maar ik vind jou, en nu ben ik heel eerlijk, meestal hartstikke blauw.'

'Dat neem je terug.'

'Nee, sorry, daar ben ik dan heel rood in.'

GRACIAS

Ik bevond mij in de ecoyuppen-supermarkt Marqt in de rij voor de kassa, met een linzengeitenkaassalade en een vezelrijke bietenreep in mijn mandje. Voor mij was een Spaans echtpaar van rond de vijftig aan de beurt. Hun paar boodschapjes waren al gescand en in een tas gestopt, de vrouw had haar beursje al gepakt, en toen zei de cassière: 'Sorry, no cash.' Ze wees op een bordje waarop ook stond: NO CASH.

Duidelijk genoeg, maar alleen als je Engels spreekt. Het Spaanse echtpaar sprak alleen Spaans.

Dit was het moment waar ik al sinds de middelbare school op had gewacht, toen onze lerares Latijn ons vertelde dat je met Latijn moeiteloos het hele hedendaagse Middellandse Zeegebied kon bedienen. Spaans, Italiaans, het was allemaal Cicero maar dan makkelijker.

Toch wilde er op dit cruciale moment bij de kassa niets anders in mijn hoofd opkomen dan 'Marcus et Cornelia in horto ambulant.' Dus wees ik op mijn pinpas en zei: 'Solo carta.' Kijk, daar doe je het voor, die zes jaar Latijn: wijzen op je pinpas.

Het echtpaar begreep het echter meteen, raakte in paniek, begon de spullen weer uit de tas te halen en ik wilde zeggen: 'Wacht, ik betaal het wel met mijn kaart, en dan betalen jullie mij contant terug.' Maar ook dat was te moeilijk in het Latijn, dus speelde ik wederom solo-Hints. Ze begrepen me, ik betaalde de zes euro, zij gaven mij een briefje van vijf, en omdat ik toch al charitatief bezig was, zei ik heel casual in zelfbedacht en verkeerd Spaans: 'Es bien.'

'No no!' Er moest nog een euro bij, en die kwam er ook. 'Gracias,' zei ik. En zij ook van je 'gracias' hier en daar. Toen pakte de vrouw mijn gezicht en drukte op elke wang een kus.

Zelden heb ik me zo nuttig gevoeld.

Het echtpaar stiefelde weg (ja, stiefelen, een ander

woord kon ik er niet aan geven). En toen was het moment weer voorbij en hoefde ik me alleen nog maar in te houden om me niet tot de rij wachtenden achter me te wenden en keihard te roepen: 'Hoorden jullie hoe goed ik "gracias" zei?! Zes jaar Latijn, mensen!'

HÈHÈ

Ik hoorde van iemand dat het einde in zicht is als je jezelf begint te betrappen op het maken van kreunende en steunende geluiden bij bewegingen. Dat je als je opstaat uit een luie stoel, 'hhhnnnggg' zegt. Of 'pfffffff' als je de boodschappentassen op tafel zet. 'Stel dat moment zo lang mogelijk uit,' luidde het onheilspellend.

Deze verordening gaat ervan uit dat het maken van zucht- en steungeluiden te vermijden is. Dat is misschien ook wel zo. Op televisie zie je zelden iemand die niest, terwijl niezen voelt als de meest onvermijdelijke reflex die we hebben. Niezen is blijkbaar situatieafhankelijk. Gekreun en gesteun is dus, op een onbewust niveau, een keuze.

En heeft deze keuze ook een functie? Ik denk het wel.

Neem 'hèhè'. Een uitspraak die je nergens anders hoort dan in Nederland, maar hier dan weer zó vaak dat het lijkt alsof wij ook namens de rest van de wereld hèhè zeggen. 'Hèhè, even zitten.'

Hèhè drukt normaal gesproken opluchting uit over

het feit dat iets volbracht is. Het leven is zwaar, maar er zijn kleine momenten dat het leven net iets minder zwaar is dan normaal, en dan mag de rechtgeaarde poldercalvinist 'hèhè' zeggen.

Maar laatst hoorde ik een voor mij nieuwe vorm van hèhè. Er moest een kast verplaatst worden. Die kast was te zwaar en degene die het moest doen had er moeite mee. Toen hij de kast een klein beetje had verschoven maar nog lang niet genoeg, zei hij: 'Hèhè.' Ik wilde zeggen: 'Nee nee, je hebt nog geen recht op hèhè.' Maar toen zag ik wat dit was. Een hèhè om zichzelf ervan te overtuigen dat er ooit wel verlichting zou komen.

Misschien is het kreunen, steunen en zuchten ook zoiets; je probeert jezelf ervan te overtuigen dat je een 'eindzucht' doet, terwijl je heus wel weet dat na het neerzetten van de boodschappentassen ook weer het uitruimen van de afwasmachine volgt, en het naar boven lopen. Na elk neerploffen volgt weer een opstaan. Tot je allerlaatste neerplof.

JA, NEE

Regelmatig hoor ik mezelf zeggen: 'Ja, nee, inderdaad.' Of: 'Ja, nee, ja, dat moeten we doen.'

'Ja, inderdaad' zou volstaan. Een enthousiast 'Ja, ja!' kan ook. Dus wat doet die 'nee' er dan tussenin? Er wordt toch niets ontkend?

Ook bij anderen hoor ik deze drieslag vaak langskomen.

Persoon 1: 'Elke keer als er een nuttige winkel in de stad verdwijnt, bijvoorbeeld een ijzerwinkel, dan komt er een koffietentje voor in de plaats! Belachelijk!'

Persoon 2: 'Ja, nee, inderdaad.'

Persoon 2 is het ten volste eens met persoon 1. 'Nee' is hier niet bedoeld om iets te ontkennen, maar eerder om de uitspraak kracht bij te zetten. Als persoon 2 alleen 'Ja, inderdaad' had geantwoord, dan had het toch minder welgemeend geklonken. 'Ja, inderdaad. Hoelang moet ik nog luisteren naar deze ouwehoer en zijn persoonlijke obsessie omtrent het fenomeen "gentrification"? Waarschijnlijk ben ik er het snelste vanaf als ik het gewoon beaam. Hm-mmm, ja inderdaad.'

De vraag blijft waarom juist 'nee' de instemming extra kracht geeft. Ik denk dat het hiermee te maken heeft: door 'ja, nee' te zeggen, wordt niet alleen beaamd dat het feitelijk zo is dat er ijzerwinkels verdwijnen ten faveure van koffietentjes, maar ook dat die ontwikkeling, nee!, niet goed is. Nee gaat mee in het negatieve gevoel, en ja beantwoordt de feitelijke vraag.

Ja, nee, ja, hoor ik je denken, maar kan het dan ook omgekeerd? 'Nee' antwoorden op de feiten, en 'ja' op het gevoel? Dat betwijfel ik. 'Wil je nog een stuk van deze heerlijke taart?' 'Nee (dat wil ik niet), ja (hij is wel lekker), nee (maar nee dus).' Dat werkt niet.

Ik hoorde de volgende truc voor vermoeide ouders, en was ervan onder de indruk. Stel, je kleuter is ergens aan het spelen. Hij vindt dat leuk. Toch kom je hem ophalen want thuis staan de vissticks alweer bijna op tafel. Als je zegt: 'We gaan nu', dan wordt de kleuter boos. Wat je dus tegen de kleuter moet zeggen is dit: 'Wil je nu meteen weg... óf... (en hier een enthousiaste toon aanslaan) wil je nog vijf minuten blijven spelen?' 'Nog vijf minuten blijven spelen!' roept de kleuter enthousiast. Hij heeft iets gekregen, namelijk vijf minuten die anders waren opgegaan aan een woede-aanval.

Ouders die ik over deze truc vertel, zeggen soms enthousiast: 'Dat ga ik ook doen!', en soms blasé: 'Zo zit mijn hele opvoeding in elkaar.'

Er schijnen mensen ten onder te gaan aan keuzestress, maar over het algemeen worden kinderen en volwassenen blij van de mogelijkheid tot kiezen. Wij hebben keuzevreugd, en daarbij hebben we niet door dat de keuze vaak al voor ons gemaakt is. Als je iemand vraagt 'Wil je een boterham met kaas... óf een tosti?', dan wil diegene de tosti. Niet omdat die tosti zo veel lekkerder is, maar omdat je hem als laatste noemt, na een omineuze stilte.

De mensen die destijds met Geert Wilders in een zaaltje stonden te scanderen, wilden vast echt 'minder Marokkanen', daar niet van, maar het was geen toeval dat Wilders de keuze zo stelde: 'Meer... of minder?' Normaal gesproken bied je namelijk eerst de minste mogelijkheid aan, om daarna uit te pakken: 'Wil je één of twee bolletjes ijs?'

Stel je een diapositieve Geert voor, iemand die in alles het omgekeerde is van Wilders. Zij heeft een gezellige bos zwart haar, een Gronings accent en een gulle lach, en ze vindt: hoe meer culturen, hoe meer vreugd. Als diapositief-Geert ons wil opzwepen, roept zij: 'Willen jullie minder Marokkanen... of meer?' Nou, 'Meer! Meer! Meer!' roepen wij haar na. Los van of we dit vinden, antwoorden we braaf wat we aangeboden krijgen.

DE LETTERGREEPREGEL

Er bestaan mensen die alles zelf willen maken, ook het gereedschap waarmee ze weer andere dingen kunnen maken. Ik las een artikel over een vreugdeloze gemeenschap in Amerika die zich tot doel had gesteld op deze manier zelfvoorzienend te zijn. Ze moesten bijvoorbeeld hun eigen tractor bouwen, maar dat konden ze niet. Roest en modder, dat kwam ervan.

Uiteindelijk ligt een deel van ons geluk in het erkennen van wat we niet kunnen. Ik kan veel niet. Voor vrijwel alle klusgerelateerde dingen moet ik iemand inhuren.

Als je eenmaal hebt erkend dat je niet alles kunt, zit je met de vervolgvraag: hoever ga je? Welke taken laat je anderen oplossen en voor welke taken mag je een mooi nieuw apparaat aanschaffen?

‘Heb jij een ijsmachine?’ vroeg een vriendin. Nee natuurlijk. IJs, dat laten we anderen opknappen. Maar aan de andere kant: ik kan er niet tegen als mensen voorgeraspte citroenschil kopen. Dat doe je toch zelf!

Hierover nadenkend kwam ik tot een simpele regel, die ik ‘de lettergreepregel’ heb genoemd. Hij gaat zo: als het apparaat dat je wilt hebben één lettergreep heeft, dan mag je het sowieso aanschaffen en gebruiken. Denk aan mes, rasp, plank, boor. Basiswoorden voor basisgereedschap. Twee lettergrepen is ook geen probleem. Garde, mixer, hamer, beitel.

Bij drie lettergrepen is het duidelijk. ‘Komt de lettergreep tot drie, doe het dan maar liever nie,’ luidt het gezegde. Dus de broodmachine, onnodig. Ga dan maar artisanaal kneden met je zelfgekweekte gistcultuur. IJsmachine: ha! Natuurlijk niet. Koop ijs bij iemand met een Italiaanse achternaam. Bladblazer, nee. Decoupeerzaag, nee.

De enige drielettergreep waar je een uitzondering voor mag maken is de telefoon. Die moet. Maar om hem toch binnen je lettergreepluwe universumpje te houden moet je hem ‘foon’ noemen. Dan klinkt het bijna net zo basic als rasp.

PS Jajaja, de wasmachine en de afwasmachine. Tuurlijk. Maar toch.

LIEVE SCHAT

Er moet een tijd zijn geweest dat 'lieve schat' níét sarcastisch werd gebruikt. Ik heb deze tijd niet meegemaakt. Mensen die 'lieve schat' zeggen, bedoelen meestal 'domme koe': 'Lieve schat, wel eerst even de bank afdekken voordat je het plafond gaat witten.' Of anders bedoelen ze 'willige slaaf': 'Lieve schat, zou jij mij een héél groot plezier willen doen en eens even een heerlijk kopje koffie zetten? Dank je.'

Ooit zal 'lieve schat' gewoon lief zijn gebruikt. En nu ik erover nadenk, vermoed ik dat er nog steeds wel mensen zijn die dit doen. Maar dat zijn dan wel mensen die kampioen zijn in het 'compenseren in toon'. Dezelfde mensen die op niet-gênante, gezellige wijze over hun stomazakjes kunnen praten. Als je dat eenmaal kunt, dan kun je alles.

COMMUNICEREN NAAR DE MENSEN TOE

Communicatie moet van twee kanten komen. Dat vinden veel mensen en dat is de reden dat bij sommigen de nekharen overeind gaan staan bij een zin als deze: 'Er werd gecommuniceerd dat de school gesloten werd.' Want dat kan helemaal niet, communiceren doe je samen!

En daar zit wat in. 'Com' komt van 'con', en dat betekent 'met'. En dat lijkt op 'met elkaar'. Denk aan de heilige communie, ofwel het gezamenlijk oppeuzelen van het lichaam van Christus – daar zit ook een gezelschapselement in. Het Engelse 'community', dat ís nota bene gezelschap.

Los daarvan is 'eenzijdig communiceren' inderdaad iets wat bijna altijd gepaard gaat met een irritante situatie. 'U kunt wel boos worden, maar wij hebben meermalen gecommuniceerd dat u twéé pasfoto's dient mee te brengen.' Wat je nooit zult horen: 'Ik wil graag even communiceren dat ik met je wil trouwen.' Bij eenzijdig communiceren horen gevoelens van machteloosheid. En wie zich machteloos voelt, wordt opstandig. 'Hoezo, "Dat is gecommuniceerd"? Steek die hele kutcommunicatie maar in je reet!'

Toch staat helemaal niet vast dat het communicatie-gaat-twee-kanten-op-standpunt het juiste is. Want de Latijnse oorsprong van het woord, *communicare*, betekent 'uitdelen'. En inderdaad, Jezus deelde het brood en de wijn uit, en niemand gaf iets terug. (Dat was waarschijnlijk ook de oorzaak van de spanningen binnen de vriendengroep. Niemand gaf iets terug.)

Ook het Engelse *communication* verwijst vaak naar eenzijdige communicatie. Dus dan is nu de vraag: hebben wij Nederlanders er dan zelf exclusief een groepsactiviteit van gemaakt? En zo ja, waarom dan? Heeft het iets te maken met dat iedereen altijd terug mag kunnen praten en ook z'n eigen mening mag verkondigen? Als een soort eeuwigdurende kringverjaardag? Gezelligheid boven alles?

Wie 'Dat meen je niet!' zegt, weet heus wel dat de ander wél meent wat hij zojuist heeft gezegd. 'Mijn nicht heeft zeventien dwerghamsters.' 'Dat meen je niet!' Ja, wel dus, maar je wilt alleen maar zeggen dat je blij bent dat je zelf geen zeventien dwerghamsters hebt. (Vroeger verstond ik 'Dat meng je niet', wat bijna nooit op een logische manier verwerkt kan worden in een conversatie.)

De laatste tijd hoor ik vaak: 'Dat meen je!' Daar wordt hetzelfde mee bedoeld als 'Dat meen je niet'. 'Dat meen je' klopt beter, want je zegt het dus alleen als iemand iets wel meent. Toch klinkt het fout, omdat het op een geschokte, ongelovige toon wordt uitgesproken in plaats van als een statement: 'Dat meen je.' 'Inderdaad.'

Ik heb geen idee wanneer 'Dat meen je' ontstaan is, maar aangezien ik het vaak hoor van vrouwen op leeftijd denk ik dat ik gewoon iets gemist heb. Of dat we het hier over een 'regiolect' hebben, dat nu 'landelijk gaat'.

In het Engels bestaat een dergelijk fenomeen. 'I couldn't care less' wordt in dezelfde situaties gebruikt als 'I could care less'. 'I couldn't care less' is het meest logisch, vind ik. Het betekent dat je je niet voor kunt stellen dat er iets is wat je minder belangrijk vindt. Bij 'I could care less' denk je blijkbaar dat er nog wel degelijk minder interessante dingen kunnen bestaan. Maar je zou 'I could care less' als ironie kunnen opvatten.

('Ik kan me voorstellen dat er nog iets minder interessants bestaat, maar dan moet ik wel héél erg mijn best doen'.) Bij 'Dat meen je' is er op geen enkele manier sprake van ironie. Het is alleen maar een vreemde manier om 'Dat meen je niet' te zeggen, wat op zijn manier weer een vreemde manier is om te zeggen dat je begrijpt dat iemand iets wel degelijk meent.

DE E

Ik heb een levendige herinnering aan de tijd dat ik leerde schrijven. Een klasgenoot beweerde dat de 'E' maar drie streepjes mocht hebben, in plaats van twintig. Dat kon ik niet geloven. Als je zo'n mooie letter hebt, zo'n perfect harkje, dan ga je toch niet akkoord met maar drie tandjes? Dan wil je daar toch de grootste hark van maken die je ooit hebt gezien? Ik kon ook niet geloven dat daar überhaupt regels voor waren. Alsof het niet veel leuker was als iedereen zelf mocht bedenken hoeveel streepjes hij aan zijn 'E' tekende.

Gelukkig heb ik van hogerhand vernomen dat het inderdaad mág, een 'E' met twintig streepjes. Je krijgt dan geen straf.

Waarom bestaan er woorden die zich niet vestigen in je hoofd? Ook als je dat wel wilt? En er moeite voor doet? Er zijn zat woorden die wél in mijn hoofd blijven zitten, terwijl ik daar geen enkele behoefte aan heb. Verandertraject bijvoorbeeld. Maar wat is er aan de hand met de wel-gewenste, maar niet-beklijvende woorden?

Vaak gaat het om een woord dat maar af en toe gebruikt hoeft te worden. Bijvoorbeeld: hoe heet het als je een stuk muur in je gang verft, ongeveer tot aan je middel, in één kleur, terwijl het daarboven gewoon wit is? Ik wist dat het een naam had, maar het viel nauwelijks te googelen, want ‘stuk muur geverfd gang’ levert heel veel verfmerken en inspiratieborden op, maar niet het woord waarnaar ik zocht. Baldustree? Lambrozijn? Pergoluin? Ik wist dat het een raar woord was, dat beelden van kroonluchters opriep, maar wat het nou precies was?

Mijn ouders besteedden vroeger de zomervakanties met het opdiepen van hoe dat ene bloemetje ook alweer heette. Een paarsig bloemetje met nederige flieberblaadjes. Het bloemetje heette scabiosa, maar dat was per vakantie minstens twee weken niet bekend. Op een bepaald moment heb ik die naam zelf maar uit mijn hoofd geleerd om al vroeg in de vakantie te kunnen zeggen: scabiosa. Waarom nu juist scabiosa zo moeilijk te onthouden was, heeft denk ik te maken met het gewone van het bloemetje, versus de Bianca Castafiore-achtige naam.

Een lange middag besteedde ik aan het herinneren hoe die kleurstrook op de muur heet. Ardakaan? Paladering? Aan het einde van deze middag schoot het woord me ineens, zonder waarschuwing, te binnen. Lambrisering. Een geverfde lambrisering, weliswaar, maar toch. Zo'n reünie met een woord zorgt voor opluchting. Meteen daarna begint het gelaten wachten op het moment dat je het weer vergeten bent.

OP JIHAD

Op televisie zag ik een deskundige die moest komen vertellen over de achterliggende motivaties van westerse jongeren om 'op jihad te gaan'. Dat klonk onverwacht gezellig. Alsof er op zomerkamp gegaan wordt. Hoera, we gaan weer op jihad deze zomer! Neemt iedereen z'n eigen slaapzak mee, en z'n goeie humeur?

Hoe je het dan wel zou moeten zeggen weet ik ook niet. 'De jihad aanvaarden' klinkt wel erg plechtig. 'Zich aansluiten bij de jihad'?

Ik ben wel eens verbeterd omdat ik het over 'op vakantie gaan' had. Het was 'met vakantie gaan', zei de zeer keurige dame uit Wassenaar met wie ik in gesprek was. Ik voel tussen deze twee varianten totaal geen verschil, maar van keurige dames uit Wassenaar neem ik veel aan in de sfeer van subtiele nuanceverschillen.

Later las ik dat 'op vakantie' meer gebruikt wordt door katholieken, en 'met vakantie' door protestanten. Misschien dat ik er daarom niets bij voel – ik ben geen van beide.

Voorzetsels – het blijft lastig. Zeggen de meeste mensen iets als 'Ik zit op voetbal', in delen van Brabant en Limburg zit je 'onder voetbal'. Klinkt meteen heel onderdanig. Alsof je ook echt gaat doen wat je coach zegt.

Maar ons voorzetselgebruik is sowieso willekeurig. We zitten op een school, maar in een klas. We zitten in het café, behalve als we in België zijn, dan zitten we op café. Wat voor noorderlingen weer klinkt alsof je daar een soort cursus bierdrinken doet. We gaan op studiereis maar met verlof.

Misschien moeten we het voortaan maar over 'onder jihad gaan' hebben.

SCHREEF

Nog niet zo lang geleden veranderde Google ineens van logo. Eerst had Google een chique letter met een schreef, daarmee uitstralende: wij zijn het moderne equivalent van een encyclopedie met een lederen omslag. En toen hadden ze ineens een modern, schreefloos lettertje. Dat schijnt beter leesbaar te zijn op kleine schermpjes.

Schreven zijn de kleine dwarsbalkjes aan de uiteinden van letters (zoals de letters in dit boek) en die bestaan al sinds de Romeinse tijd. Ze schijnen bedacht te zijn door mensen die in steen letters moesten uithakken. Het ziet er netter uit als het einde van een lijn duidelijk te zien is, in plaats van dat een 'i' een soort amorfe scheur is. Ook zou een letter met schreef lekkerder lezen dan een lettertje zonder. Dit is precies omgekeerd aan het argument dat Google gebruikt. Wie heeft er gelijk? De schreven of de schreeflozen?

In het Engels heet de schreef een 'serif', wat exotisch klinkt, een beetje als Omar Sharif. Hoe de Engelsen aan 'serif' komen is niet helemaal bekend, maar er gaan stemmen op dat ze het hebben van ons woord 'schreef'.

Dat zou betekenen dat er ooit iemand een c als een e heeft gelezen (en een h over het hoofd gezien en twee e's vertaald als een i, maar daar gaat het nu niet om). De grote vraag is: in welke vorm is ons woord 'schreef' de Noordzee overgestoken? In een schreefloos lettertje of in een letter met schreef? Omdat het woord serif in de negentiende eeuw opduikt, moeten we haast wel concluderen dat er schreven zijn gebruikt. En dat het verkeerd lezen van 'schreef' dus misschien komt door diezelfde schreef. Conclusie: Google heeft gelijk met dit schreefloze logo. Veel beter leesbaar.

Leuk ook dat Google bij het afscheid van de schreef toch nog een kleine knipoog naar de Nederlandse typografie deed. De e leunde wat naar achteren, zodat hij leek te lachen (zie tekening). Precies wat wij kennen van de e'tjes van Heineken. Bedacht door Freddy zelf.

BETOVEREN

Om niet meer te achterhalen redenen kwam ik terecht op een website voor elektrische barbecues. Daarop stond: 'Betover de hele stad vanaf uw balkon met de geuren die uit het sissende voedsel vrijkomen.'

Een eyeopener: blijkbaar bestaan er mensen die barbecueën zonder vaag schuldgevoel over wat ze bij de buren veroorzaken. Die, sterker nog, denken dat ze de stad een dienst bewijzen! O, om zo vrij in het leven te staan.

-SEL

Er verscheen een VN-rapport over Noord-Korea, waarin Noord-Korea 'nazipraktijken' verweten werd. Opvallend was dat het woord nazi daarbij letterlijk viel.

Minder opvallend was dat Noord-Korea alles ontkende en alles onzin vond. Verzinsels, zeiden ze, volgens het nieuwsbericht dat ik las. Ik weet niet wat 'verzinsels' in het Koreaans is. En of het überhaupt gezegd is. Maar iemand in de keten van informatievoorziening tussen Pyongyang en mijn telefoonschermpje heeft de Koreaanse reactie geparafraseerd tot 'verzinsels'.

'Verzinsels' is een mooi-klinkend woord, maar positief is het niet. Het gaat nooit over mooie dingen die verzonnen zijn. Het gaat over leugens. Of misschien over een novelle van een vrouw in een paarse tuniek ('een melange van wonderlijke verzinsels').

Het heeft, zo vermoed ik, iets met het achtervoegsel 'sel' te maken. Daar hangt vaak iets vies of negatiefs omheen. Denk aan voorwendsel, beenwindsel en baksel. 'Wat is dat voor baksel?' 'Nou, het is toevallig een glutenvrije brownie, en daar heb ik heel erg mijn best op gedaan!'

'Sel' klinkt als restmateriaal, iets wat overblijft, iets waarvan je helaas of gelukkig niet precies kunt zien wat erin zit. Braaksel. Aftreksel.

Vanwege dit soort vieze woorden krijgen de andere sel-woorden ook iets vies, ook al zijn ze volstrekt neutraal. Stijfsel. Bezinksel. Bezinking zou bijvoorbeeld een stuk chiquer klinken. (Achtervoeging in plaats van achtervoegsel? Staat ook beter!)

Voedsel: prima woord, maar steeds vaker hoor je voeding. Ons eten laten wij blijkbaar liever niet besmetten door de 'sel'-achtervoeging. 'Ing' maakt de dingen minder tastbaar. Terwijl 'sel' de tastbaarheid zelve is.

Er zijn maar weinig woorden die op -sel kunnen eindigen zonder meegetrokken te worden in een sfeer van negativiteit. Hulde aan deze woorden. Hulde aan Raadsel. Aan Zenuwstelsel. En aan Biodiesel.

DE DUITSE KUIL

Het strand van Texel. Het was heerlijk weer, maar een windje stond er wel. Omdat wij meestal maar half voorbereid zijn, hadden we alleen een plastic zak met schepjes bij ons. Een windscherm gaat ons planningsvermogen te boven. Maar kijk eens aan, daar troffen we een verlaten kuil aan. De kuil werd meteen door ons geïdentificeerd als 'Duitse kuil'. Terwijl de rest van het gezelschap kastelen ging bouwen vlak bij de branding, legde ik mijzelf neder in de kuil. Het was heerlijk, en uit de wind.

Er naderde een familie. De vader zei: 'Altijd hetzelfde met die Duitsers. Ze graven een kuil en ze gaan erin liggen.' Hij zei het op geërgerde toon. Alsof het iets onbetamelijks was om een kuil te graven.

Dat Duitsers kuilen graven op het strand, is waar. Niet bekend is of het kuilengraven wellicht inmiddels is overgenomen door andere nationaliteiten. De overtuiging is: een kuil is Duits, en als er iemand in een Duitse kuil ligt, dan is diegene zelf ook Duits. Want Nederlanders graven geen kuilen. En als een Nederlander een tweedehands kuil aantreft, dan gaat hij er niet in liggen.

Wat hebben Nederlanders toch tegen die kuilen? Komen ze te territoriaal over? Maar waarom geldt dat dan niet voor zo'n burcht van windschermen? Of hebben kuilen alleen maar zo'n slecht imago omdat we ze met Duitsers associëren? Mocht dat het enige probleem zijn, dan pleit ik voor een herwaardering van de kuil. Andere Duitse dingen zijn allang weer oké. De flammkuchen zie ik bijvoorbeeld overal opduiken en daar zeurt niemand over.

Het zoontje van de langslopende familie was nog niet bijgepraat over wat we verkeerd vinden in Nederland en zei: 'Leuk! Een kuil!' De vader antwoordde: 'Nou, dan ga je toch lekker bij die meneer liggen?' Wederom op geërgerde toon. De familie sjokte verder om hun meegebrachte windscherm op te zetten.

En zo was ik ineens een Duitse meneer geworden, in mijn kuil. Een Duitse meneer met een flamboyante rode zonnehoed op.

SHREDDER

Er was eens een commissie onder leiding van Ton Elias, die ontdekte dat de overheid miljarden verspilde aan het bouwen van slechte websites. 'Er worden per jaar tienduizend Maserati's vershredderd,' riep Elias uit. Vershredderd. Om maar met het meest voor de hand liggende te beginnen: ik zou niet weten hoe je een Maserati in de shredder krijgt.

En dan de shredder zelf: dit object is pas in mijn bewustzijn en vocabulaire verschenen in 1999, toen men op Schiphol van een groot aantal eekhoorns af wilde. Iemand besloot toen dat dit de onopvallendste en meest humane manier was: in de shredder ermee, levend en wel. Toen was het ineens shredder voor en shredder na. Maar we hadden er nog geen werkwoord bij. 'Doe jij dit anders even in de shredder,' zal het wel geweest zijn.

Nu ineens kwam Ton Elias met 'vershredderen'. Eerst dacht ik: dat is de bravoure van een VVD'er van formaat, die liberaal met zijn taal omgaat en dus zelf wel bepaalt welk werkwoord er bij shredder hoort. Maar toen tikte ik het in bij Google en wat bleek: vershredderen is een algemeen gebruikt woord. Eentje met veel te veel lettergrepen, dat wel. Wat zou er mis zijn met shredden? Of anders met shredderen? Misschien klonk shredderen te veel als het gezellige 'redderen' wat vrouwen-in-duster doen, en moest het 'ver' ervoor om er toch nog iets van vernietiging in te brengen. En wat is de voltooid verleden tijd van dit werkwoord? 'De sierkarpers van oom Herman zijn helaas allemaal vershredderd.' 'Ja, en nu kijkt hij helemaal ontredderd.'

Een intensief onderzoek leverde op dat vershredderen ook wel 'verhakselen' wordt genoemd. Nu was ik al geen fan van het woord vershredderen, maar het is nog altijd tien keer beter dan verhakselen. Verhakselen is een soort verhaspelen, maar dan met heel veel bloed en rondvliegend vlees. Als ik ooit mag kiezen of ik vershredderd of verhakseld zal worden, doe dan toch maar vershredderd.

STORING

Zijn er minder seinstoringen dan vroeger? Of ben ik gewoon gewend geraakt aan het woord? Toen het woord 'weeralarm' net uitgevonden was, klonk het ook heel exotisch en urgent, maar nu is het meer een reminder dat je je regenjas moet meenemen. Misschien is de seinstoring ook genormaliseerd.

Als er iets over een seinstoring wordt omgeroepen via de intercom, hoor ik meestal 'zijnstoring'. Dat komt onverwacht filosofisch over. Alsof de machinist in een identiteitscrisis zit. Kortsluiting in de kop. Trein stilzetten, even nadenken over wie je nu eigenlijk bent en wat je écht wilt in het leven. Eens kijken naar die populieren die daar ook maar staan te staan. Een zwerm spreeuwen vliegt over. Je bent niets waard, maar feitelijk is niets iets waard. 'Zijn' is bijna hetzelfde als 'niet-zijn'. Je zucht. En je boemelt weer verder.

Zoals wel meer in het leven zal het omroepbericht niet filosofisch bedoeld zijn. De zijnstoring is waarschijnlijk een banaal gevolg van hypercorrectie. Men weet dat de z te vaak wordt uitgesproken als s. Mijn soon is siek. Dat klinkt plat, en daarom hebben sommige mensen bedacht dat ze de z in ere moeten herstellen, en gaan daarin wat ver. Ze drinken thee met zuiker. Ze staan midden in de zamenleving.

Hier is niet zo veel mis mee, maar ik vrees wel dat de hypercorrigerende mens, door zich zo enthouziast met de z in te laten, zijn ware gesellige aard ontkent. En het zijn precies deze ontkenningen van het eigen innerlijke ikje die leiden tot een zijnstoring. 'En dan kom je in een vizuele zirkel.'

STRENGE WOORDEN

In 2014 verscheen er een nieuwsbericht waarin stond dat Beatrix per direct op Drakensteyn ging wonen.

Per direct! Het klonk streng. Alsof ze iets heel stouts had gedaan en nu, per direct jongedame, naar Drakensteyn moest. En wel subiet. Anders zwaaide er wat.

Subiet is misschien wel het beste strenge woord. In Nederland is het zo extreem streng dat niemand het meer gebruikt. In Vlaanderen is het daarentegen een gewoon woord dat niets met strengheid te maken heeft. De spraakverwarring die dat oplevert – ik kan ervan genieten.

'Ik zal de formulieren subiet naar u opsturen.'

'Nou, zo belangrijk is het nou ook weer niet.'

Strenge woorden: ze zijn voornamelijk voorbehouden aan mensen die op scholen en kantoren werken. Op kantoren wordt er bijvoorbeeld gesproken over 'per ommegaande', wat in e-mailtijden nergens meer op slaat, maar wel heel kordaat klinkt. Net als 'In de hoop u hiermee voldoende geïnformeerd te hebben': het zal wel een nuttige zin zijn, maar voor mij klinkt er een behoorlijke wrevel in door. 'U had dit al lang moeten weten maar ik heb het nog maar weer eens opgeschreven en misschien bent u dan nu eindelijk wel voldoende geïnformeerd.'

Op scholen heerst meer meligheid in de strengheid. Dat moet ook wel, want hoe kun je anders overleven met acht uur per dag een kudde pubers om je heen? Dus dan gaan leraren dingen zeggen als: 'Zo, jij hebt zeker zin in een reisje naar de rector?'

Ik denk dat het minstens twintig jaar geleden is geweest dat iemand 'en wel nu' tegen me zei. Hetzelfde geldt voor 'rechtsomkeert'. Ergens ook wel weer jammer. Ik herinner me een leraar die blijkbaar zó aan het eind van zijn latijn was dat hij een leerling toebeet: 'En haal die smoel van je grijns af.'

DE OUDSTE

Soms is er ineens een week in je leven waarbij het lijkt alsof er van hogerhand een bepaald thema is opgelegd. Wie dat doet of waarom is onduidelijk, maar alles gaat ineens over hetzelfde. Het begon voor mij in een kringloopwinkel in Groningen. Daar zag ik een boek getiteld *Omgaan met bejaarden*. Het stamde uit de tijd dat bejaarden nog bejaarden heetten, en niet senioren of iets anders positiefs. Er stond een treurige schets op van, inderdaad, een bejaarde, en de algehele uitstraling van het boek was ellende.

In dezelfde week dat ik dit boek ontdekte, bereikte mij het nieuws dat de oudste man ter wereld was overleden. Dat kan vanuit filosofisch oogpunt niet, want de oudste man ter wereld leeft gewoon – de titel is alleen overgegaan op een nieuwe oudste man. De zojuist overleden oudste man *du jour* leefde in Spanje, had een olijfboomgaardje en dronk elke dag een glas rode wijn. Dit soort details kom je bij elke nieuwe oudste mens tegen. Soms lijkt het alsof oude mensen worden gebruikt om een of andere levensstijl te promoten. Zie je wel, een wijntje, niks mis mee! Of: zie je wel, gewoon stoppen met die kantoorbaan en een olijfboomgaard beginnen! Terwijl er, neem ik aan, genoeg wijndrinkende olijfboeren voor hun vijftigste dood neervallen.

Een paar oudste mannen geleden was er eentje die nog op de valreep een oorkonde had gekregen van het *Guinness Book of Records*. Dat is toch wel een wrange prijs om te krijgen: gefeliciteerd, u maakt van alle mannen op aarde de meeste kans om binnenkort te overlijden.

Het lijkt me een moeilijke baan, het uitdelen van die oorkondes. Ik hoop maar dat er binnen *Guinness* een soort roulatiesysteem is. Dat je na een jaar 'oudste mens'-corvee weer mag overschakelen op het geven van oorkondes aan de persoon die het snelst aardappels kan schillen.

In de week dat de Spaanse man overleed, werd prinses Beatrix, inmiddels woonachtig op Drakensteyn, tachtig. Er werd opvallend veel gezwijmeld over haar kleding op de verjaardagsfoto's, terwijl: die kleren zijn haar verdienste niet, daar heeft zij mensen voor. Daarnaast ging het over hoeveel zij nog doet. Met een toon van hiep hiep hoera, maar let op het woordje 'nog'.

Op Radio 1 verwoordde een deskundige het in de volgende stream of consciousness: 'Volgens mij gaat het gezien de omstandigheden redelijk goed, en ze mag zich nog verheugen in een heel goede gezondheid, dus wat dat betreft, met de klachten die horen bij het ouder worden, ze heeft natuurlijk twee nieuwe knieën, en desondanks is ze nog heel actief.'

Tijd voor een cursus 'Omgaan met bejaarden'.

BOWIE-HAAR

Iedereen die ook maar enigszins in het androgyne spectrum verkeert, zal wel iets aan David Bowie te danken hebben, zo ook ik. Bijvoorbeeld: mijn haar. Ik heb van nature een heel saaie haarkleur. Af en toe laat ik mijn haar verven, maar liever doe ik dat niet, want dan zit je daarna met heel deprimerende problemen als 'uitgroei'.

Vanwege mijn saaie haarkleur vragen kappers al sinds decennia aan mij: 'Kleurtje erin?' Ooit bedacht ik dit antwoord: 'Nee, want ik heb preciés dezelfde haarkleur als David Bowie.' Dat is waar, maar Bowie koos er nu juist voor om het daarom voortdurend te verven. Niet-verven wegens Bowie-gelijkenis slaat dus nergens op, maar het leerde mij: het maakt vaak niet uit wat voor argument je geeft, als je maar een argument geeft.

TIJDPERK

Bij de dood van David Bowie hoorde je vooral de volgende zinsnede vaak: einde van een tijdperk. 'Het einde van een tijdperk' is een uitdrukking die sterk aan inflatie onderhevig is. Bijna alles wat eindigt, is tegenwoordig het einde van een tijdperk. Waarom is dit zo'n aantrekkelijke uitdrukking?

Volgens mij zit het zo. De term 'einde van een tijdperk' geeft ons de gelegenheid om zaken 'breder te trekken'. Er is niet alleen iets gebeurd, er heeft een shift plaatsgevonden, een gamechanger, en alles wat je erachteraan zegt lijkt daardoor een stuk belangrijker. David Bowies dood is niet alleen het einde van de jaren waarin David Bowie levend was, maar ook van… ja, van wat eigenlijk? Van alles wat er was toen oude mensen nog jong waren. Meer kan ik er ook niet van maken.

Als je googelt op 'einde van een tijdperk' krijg je duizenden voorbeelden. De sluiting van Dierenpark Emmen, een slecht presterende voetbalploeg, de bierdouche op Noorderslag. Met een beetje goede wil kun je uit elk nieuws op de voorpagina wel een einde van een tijdperk destilleren.

Je komt er altijd mee weg. En dat is precies de reden dat het me tijd lijkt voor het einde van het tijdperk van eindes van tijdperken.

GEEF MAAR AAN MAMA

Wat ik vroeger een nogal gênante vertoning vond, was dat er moeders waren die tegen hun kind zeiden: 'Geef maar aan mama! Aan mama! Geef maar aan mama! Goed zo! Aan mama!' Waarom zou je het over jezelf hebben als mama? Wat is er mis met het woord 'ik'? Of 'mij'? Uiteindelijk leert iedereen wel praten. Dan kun je toch net zo goed normaal doen?

Inmiddels heb ik het antwoord. Een vriendin van mij vertelde laatst hoe irritant ze het vond dat haar kinderen eerder 'papa' zeiden dan 'mama'. Dit kwam, zo beredeneerden we, doordat moeders voortdurend tegen hun kinderen praten, en vaders toch net wat minder. Als een moeder meer tegen het kind praat, zal ze dus wel veel zeggen: 'Geef maar aan papa! Goed zo!' Aan zichzelf refereert ze normaliter als 'ik' en 'mij'. Natuurlijk gaat dat kind dan eerder papa zeggen. Mama is dat onbenoemde wezen dat de hele tijd aan het woord is. Papa is die man die papa genoemd wordt.

Er zijn twee oplossingen voor dit probleem. Eerste oplossing: vader moet meer gaan praten tegen het kind, en dan vooral veel aan mama refereren. Tweede oplossing: mama moet zelf over mama gaan praten.

En omdat mama een beetje moe is en geen zin heeft om 'de discussie aan te gaan', doet ze het 'zelf wel weer'. Ja, het klinkt debiel, maar je moet wat voor de goede zaak over hebben. 'Geef maar aan mama!'

'Dada.'

'Ja, bijna! Mama!'

In de omroepberichten in de trein worden plaatsnamen vaak voorzien van een extra lettergreep. Het gaat om een 'uh' of een 'eh' ervoor. 'Wij naderen station UhLelystad. UhLelystad!' Dat ziet er in geschreven vorm uit als een aarzeling, maar dat is het juist niet. Het is een joviaal geluid.

Ook andere woorden worden door de conducteur langer gemaakt. 'Denkt u bij het uitstappen aan het uhmeenemen van uw uhbagage.' Dit aanplaksel heeft duidelijk nut; de belangrijke woorden in de zin krijgen zo extra nadruk. Lelystad, meenemen bagage. Meer hoef je niet te weten.

Ik vermoed echter dat het de conducteur vooral een gevoel geeft van: zo, dat heb ik weer eens even professioneel gezegd. Twijfelaars zeggen 'Eh... Lelystad?'. Allesweters zeggen 'UhLelystad!'. Stel dat een allesweter per ongeluk tóch een fout maakt, dan kan hij die rechtzetten met het woord 'herstel'. 'Het volgende station is UhLelystad. Herstel! Dronten. Het volgende station is UhDrontennnn.'

Er zijn ook mensen die in plaats van aan deze uh-voorplakking aan beginmedeklinkerverlenging doen. Vooral weermannen en -vrouwen hebben hier een handje van. 'In de ochtend eerst nog wat sssssluierbewolking, maar daarna breekt de zzzzon door.'

Het beste is als beginmedeklinkerverlenging binnen één zin wordt gecombineerd met uh-voorplakking. 'Vandaag was er nog zzzzzon, maar morgen begint de dag met uh-regen.' De luisteraars begrijpen: dit is echt iemand die weet waarover hij het heeft, en we mogen wegzakken in de rustige overtuiging dat alles klopt in de wereld. Niks is erg, alles is duidelijk.

VAGE FIGUREN

Ik las dat bewoners van studentencomplexen aan de rand van de stad zich relatief vaak onveilig voelen. In Amsterdam heeft de politie per studentencomplex onderzoek gedaan, en zo is op een kaart te zien in welk complex de meeste berovingen plaatsvinden, waar de meeste inbraken zijn, maar ook waar de straatverlichting stuk is of waar de gebouwen slecht beheerd worden. Het gevoel van onveiligheid is onderverdeeld in allerlei oorzaken.

De meest tot de verbeelding sprekende oorzaak is 'vage figuren'. In mijn hoofd zijn vage figuren vooral mensen met een iets te intense interesse in klankschalen/voedselintoleranties/collectief bewustzijn. Mensen die op een feestje op zich best aardig zijn, maar dan ineens beginnen te praten over de helende kracht van bergkristallen.

Maar blijkbaar zijn vage figuren vandaag de dag mensen die een gevoel van onveiligheid veroorzaken. Mensen die wellicht over zouden kunnen gaan tot criminaliteit. Waarom heeft die begripsverandering plaatsgevonden? Waarom werd een vaag figuur 'gevaarlijk' in plaats van 'weliswaar irritant maar verder onschadelijk'? Wie heeft dit bewerkstelligd?

Ik verdenk de politie. Iemand doet een melding: 'Er staat een enge man bij de vuilcontainers.'

'Eng? Wat is er eng aan dan?'

'Ik weet niet, hij ziet er gewoon eng uit. En hij doet eng.' Een zichzelf respecterende politieman of -vrouw kan niet in de melding opnemen: 'Enge man.' Dan wordt hij/zij uitgelachen in de kantine. Ooit is er dus een beambte geweest die er 'vaag figuur' van heeft gemaakt, en sindsdien is dat de vaste term.

Wel jammer voor alle klankschaligen in de samenleving. Die klinken nu ook meteen een stuk enger.

VASTKLAMPJARGON

In onzekere tijden kun je je alleen maar vastklampen aan schijnzekerheid. Je zou de keren eens moeten tellen dat de deskundigen op tv zeggen dat de nieuwe situatie 'gewoon' zus of zo moet worden opgelost. Geen enkele talkshow heeft er natuurlijk wat aan als de deskundige in blinde paniek roept dat hij bang is voor de nieuwe situatie en dan onder tafel gaat zitten huilen. Maar het andere uiterste is dat de ene na de andere deskundige zijn/haar zin begint met: 'Het is nú aan de overheid om...' Of 'Het is nú aan de samenleving om...'

Ik denk dat die stelligheid hierdoor komt: als je

het allemaal ook niet weet, dan moet je je ergens aan vastklampen. Vooral jargon leent zich hier goed voor. Wie een huis wil kopen, doet er bijvoorbeeld goed aan om tegen de verkopend makelaar af en toe het woord 'contactgeluid' te laten vallen, of 'spouwmuur'. 'Mechanische afzuiging' is ook uitermate geschikt. De makelaar weet ook wel dat je dat jargon alleen maar gebruikt als houvast, maar het biedt een ingang om samen het toneelstuk te spelen dat je allebei weet waar je het over hebt.

Als je je auto naar de garage brengt geldt hetzelfde: af en toe 'bobine' zeggen, om de spanning over de eigen onkunde op te heffen. En zeg bij het bekijken van een kinderdagverblijf vooral iets over 'verticale groepen', dan lijkt het alsof je je er al echt in verdiept hebt.

Bij de belastingconsulent roep je iets over box 1, en in een chic restaurant moet je een kaasnaam herhalen en zeggen: 'O ja, heerlijk, reblochon. Als ie rijp is.'

DOM

Het Engelse woord 'nice' komt van *nescire*, Latijn voor 'niet weten'. In de dertiende eeuw betekende 'nice' dan ook niet leuk of aardig, maar dom. Ik kan er bijna niet over uit hoe interessant ik dit soort informatie vind.

'Nice' is het Engels binnengeslopen via het twaalfde-eeuwse Franse woord 'nice', wat onhandig, zwak, simpel of dom betekende. Nadat de betekenis dom uitgewerkt was, ging het een tijdje timide betekenen, om vervolgens, eind veertiende eeuw, te refereren aan mensen die heel kieskeurig waren. Rond 1400 betekende het verfijnd of delicaat. Rond 1500 betekende het precies of voorzichtig. Eind achttiende eeuw begon nice pas aardig te betekenen.

En nu is 'nice' toch alweer een hele tijd strikt positief. In Nederland wordt het veel gebruikt door mensen die weten wat modern is. 'Ik heb mijn hele marketingplan uitgerold.' 'Oké, nice.' De mensen die 'nice' zo gebruiken, zijn dezelfde mensen die veelvuldig 'kak' zeggen. 'Dat maakt toch geen kak uit?' Of: 'O kak, ik ben vergeten koffie te kopen.' Maar dat terzijde.

Ik heb het gevoel dat 'nice' weer terug gaat keren naar een negatieve betekenis. In het Engelse taalgebied wordt het al veelvuldig ironisch gebruikt. Als een meisje wordt aangeduid als 'a nice girl', is dat al bijna geen compliment meer.

En hoe zit het met ons eigen 'leuk'? Dat schijnt oorspronkelijk 'lauw' te betekenen, wat wel mooi is omdat 'lauw' via een andere weg tegenwoordig weer 'cool' betekent. Toen 'leuk' in zwang raakte om iets over mensen te zeggen, betekende het 'bedaard'. Een matige aanprijzing dus. Knap hoe zo'n middelmatig woord gepromoveerd is tot iets waar je 'super' voor kunt zetten. En voor de leuk-haters onder ons de geruststelling: het woord kan nog alle kanten op. Sterker: het zal nog alle kanten op.

Ex-basketballer Dennis Rodman is vrienden met zowel Trump als Kim Jong-un. Dat is uniek en daarom werd hij langdurig geïnterviewd op CNN. Het is het waard om dat interview even terug te kijken, vooral als je let op de gelaatsuitdrukking van interviewer Chris Cuomo. Die wisselt af tussen begripvol en verbijsterd, en af en toe toont zijn gezicht het meest perfecte 'blanco' dat je ooit hebt gezien.

Goed, Rodman is dus vrienden met de Noord-Koreaanse leider. Opvallend is dat hij hem in het interview eerst een paar keer 'Kim on young' noemt, daarna 'Kim on yung', en daarna pas iets wat op Kim Jong-un lijkt. Misschien is de vriendschap zo diep dat details als 'namen' triviaal zijn geworden.

Aan Rodman wordt gevraagd of Trump en Kim het met elkaar zouden kunnen vinden. Daarop zegt Rodman: 'Well, I think Donald Trump will understand the fact that the people of North Korea have a heart, soul, charisma and they love each other.'

Het is een opmerkelijke zin, die geen antwoord geeft op de vraag. Ook vind ik het woord charisma in deze zin raar. Als je om onbegrijpelijke redenen fan bent van Noord-Korea, dan snap ik nog wel dat je wilt overbrengen dat de mensen daar een hart en een ziel hebben, en dat er liefde heerst in het land. Maar charisma? Dat is een positieve eigenschap van een persoon. Charisma van een heel volk is een beetje vreemd. Charisma bestaat alleen bij de gratie van een grijze massa die de charismaticus optilt. Charisma is iets ongrijpbaars, dat in moderne tijden daarom ook wel de x-factor wordt genoemd. Als we allemaal de x-factor zouden hebben, zou het niet meer opvallen.

Charisma heeft bij mij ook een wat onbetrouwbare bijsmaak. 'Ja, hij heeft natuurlijk veel charisma, maar hij heeft de boekhouding wel járen laten versloffen.'

Kort nadat Rodman in het interview de Noord-Koreanen duidde, ging hij huilen om... tja, om wat eigenlijk? Ik geloof om zichzelf, uiteindelijk. Het is een bizar tafereel, maar één ding kan hem niet ontzegd worden: charisma.

VERDWIJNTRUC

Een vader, of misschien een grootvader, zat met zijn dochter (dan wel kleindochter) aan een tafeltje naast het mijne in een koffiezaak. 'Ik dacht, dit vind jij wel leuk,' zei hij onzeker. Er volgde een gesprek waarin beide partijen hun best deden het leuk te vinden.

Toen er een stilte viel, pakte de (groot)vader zijn telefoon. 'Hé,' acteerde hij, 'dat is ook toevallig, ik krijg net een sms'je van Hans Kazàn.' Het was overduidelijk: hij had het sms'je al eerder gekregen. Dit was een vooraf gerepeteerd gespreksonderwerp. 'O?' zei het meisje welwillend, maar zonder herkenning. 'O ja, die ken jij natuurlijk niet,' zei de man een beetje teleurgesteld. 'Dat is een goochelaar.' 'Leuk,' zei het meisje.

Leuk? Leuk? Een sms'je van Hans Kazàn is niet 'leuk', dat is fantastisch! Maar natuurlijk, realiseerde ik me toen ik aan het afrekenen was, er is nu een generatie die Hans Kazàn helemaal niet kent. Terwijl, als er in de jaren tachtig, negentig nou één *household name* was in Nederland, dan was het toch wel Hans Kazàn. Inmiddels heeft Hans Klok zijn functie in de samenleving overgenomen. Toevallig dat ze alle twee Hans heten. Of is dit geen toeval? Heb je als je Hans wordt genoemd, meteen al de behoefte om te compenseren voor je alledaagse naam? In de trant van: ik heet dan wel Hans, maar ik kan wel een vrouw doormidden zagen?

En dan de achternamen. Klok heet echt Klok, maar Kazàn heet natuurlijk niet echt Kazàn. Tenminste, dat dacht ik. Dat de man in de koffiezaak een sms van Hans Kazàn had gekregen, was wat mij betreft bewijs dat die vriendschap niet erg close was. Anders noem je iemand toch bij zijn echte naam?

Maar hoe heet Hans Kazàn dan echt? Ik deed even wat diepgravend onderzoek en ontdekte dat Kazàn al sinds zijn negende Kazàn heet. Hij heeft zijn naam ook officieel laten veranderen. Voor iedereen in zijn omgeving is Hans Kazàn dus echt Hans Kazàn. Dat hij ooit geboren is als Hans Mulders, dat weet inmiddels alleen het internet nog.

Kijk, dat is nog eens een geslaagde verdwijntruc.

DELEN

Als kind moest je alles eerlijk delen. Als dat niet gebeurde, mocht de een de chocoladereep in stukken breken en mocht de ander het eerste stukje kiezen.

Delen was moeilijk, maar delen was goed.

Tijdens de puberteit leerde je dat het ieders vrije keuze was om wel of niet te delen. 'Jezus, wat aso dat je die Snickers helemaal alleen opeet,' zei je tegen een klasgenootje dat het socialistische juk van de kindertijd al afgeworpen had.

Tijdens je studie leerde je mensen kennen die dingen zeiden als: 'Ik vind het heel mooi dat je dit met ons wilt delen.' Toen kreeg je een beetje een hekel aan het woord delen. En om aan te geven hoe triest je mensen vond die de hele tijd hun gevoelens op tafel gooiden, ging je het ironisch *sharen* noemen. 'Ik heb weer heel slecht geslapen,' zei iemand, en dan zei jij: 'Fijn dat je het even sharet.' Of: 'Wil je erover kleien?'

Daarna, toen iedereen wel weer zo'n beetje klaar was met 'delen als mooie karaktertrek', kwam Facebook en sindsdien praten heel normale mensen op een heel normale manier over 'delen'. Bijvoorbeeld: 'Ik kreeg zóóó'n lief filmpje van mijn neefje die aan het poepen was! Wacht, ik deel het wel even.' Of zelfs zonder sociale media erbij: 'Heeft de coach de opstelling al gedeeld?'

En zo is het woord van iets concreets iets vaags geworden, en daarna weer iets concreets. Het wachten is op de volgende vervaging.

TITELS

Tijdens een recent bezoek aan Lissabon viel het me op dat veel Portugese woorden titels van voorstellingen van Cirque du Soleil zouden kunnen zijn. *Peixeira. Apeixonar. Segurança.*

Wat deze woorden zo geschikt maakt voor Cirque du Soleil is dat je niet meteen weet wat ze betekenen, maar dat ze wel een exotisch gevoel oproepen. En dat er coole letters in zitten, zoals de x.

Cirque du Soleil is een Canadees circusgezelschap zonder dieren maar met een succesvol businessmodel. Omdat dit gezelschap zo succesvol is, moeten hun titels voldoende internationaal zijn, maar het is niet nodig dat het publiek de titel echt begrijpt. Een van hun eerste voorstellingen heette *Alegria*, en dat was achteraf gezien te concreet, want *alegria* betekent gewoon vreugde.

Daarna heeft men in Canada het licht gezien en is er uitsluitend gekozen voor titels die puur op het gevoel spelen. Neem *Saltimbanco*. Dat betekent in het oud-Italiaans weliswaar 'straatartiest', maar dat wordt zo weinig gebruikt dat bij het googelen alleen Cirque du Soleil verschijnt. *Varekai* betekent niets, maar je vóélt dat er een duistere act te zien zal zijn met een dwerg die door de lucht roeit, roepende: 'Vai! Vai!'

Dralion klinkt als een 2.0-versie van een derwisj-act, en *Quidam* klinkt gewoon gaaf, want er zit een q in. De voorstelling *Amaluna*; ik heb hem niet gezien maar het lijkt me sterk als er niet iemand aan een donkerblauwe doek naar beneden komt kukelen.

Er zijn trouwens veel Afrikaanse landennamen die het ook goed zouden doen als voorstellingstitel. Denk aan *Burkina Faso*, *Djibouti*, *Mozambique*, *Gambia* en *Burundi*. Nu ik erover nadenk, *Alfalfa* zou ook goed zijn. Maar het is dus beter om geen bestaande landen, groenten of andere begrippen te gebruiken, vanwege de Google-exclusiviteit.

Gelukkig is het niet zo moeilijk om een geheel nieuwe, exclusieve titel te verzinnen. Men neme een begrip uit het Spaans of Italiaans. Men voege daar een lettergreep aan toe, liefst met een q, een z of een x, maar een a mag ook.

Quintessenza zou bijvoorbeeld heel goed kunnen. Elastiq. Fluorenx. Diarrhezza. Halitosia.

Cirque du Soleil kan nog heel lang voort.

ZOALS JE WILDE

'Is het geworden zoals je wilde?' vroeg oppertaartenbakker Robèrt aan een kandidaat in *Heel Holland Bakt*. Ze keken samen naar een berg met brokjes korst, iets wat geloof ik een spiegeltaart had moeten zijn. Spiegeltaart – voor mij een nieuw woord, maar wel het soort woord dat je meteen begrijpt. Een spiegeltaart is een glimmende taart uit de banketbakkerij, en zo'n kunstwerkje moet je als normaal mens niet ambiëren. 'Nee,' zei de kandidaat. Dit was niet zoals hij het gewild had. En Robèrt sloot naadloos aan met: 'Nee, dat denk ik ook niet, hè.'

Hij had het dus niet hoeven vragen, maar zijn intentie was aardig. Door eerst de vraag te stellen gaf Robèrt aan dat er een wereld denkbaar is waarin een berg brokjes wél de bedoeling is. En dat 'hè' aan het eind, dat hield de sfeer er ook in. 'Nee, dat denk ik ook niet' zou een beetje pinnig hebben geklonken. Met 'hè' erbij klonk het meer als een reactie van een kleuterjuf die ziet dat er een kleuter in zijn broek heeft geplast. 'Maar plassen doen we eigenlijk op de wc, hè.' Het is niet echt een standje. Meer een verzuchting van iemand die weliswaar eindeloos geduld heeft, maar ook genoeg zelfreflectie om te beseffen: ik ben waarschijnlijk nog niet eens op de helft van de duizenden keren dat ik dit zal moeten zeggen.

Zoals met alles is het vooral de toon waarop iets gezegd wordt. Bij een ander zou 'Ik denk het ook niet, hè' druipen van ironie of zelfs minachting, maar tot zulk soort negatieve emoties is Robèrt gelukkig niet in staat.

Nu is *Heel Holland Bakt* sowieso een positief en lief programma, waarin de kandidaten nooit muiten. Dat is de charme ervan, maar toch mogen we er wel over dromen: een kandidaat die na een aperte mislukking stug blijft volhouden: 'Nee, dit was precíés hoe ik het bedoeld had. Ik noem deze taart "In-je-maag-gaat-het-toch-kapot".' Om vervolgens triomfantelijk weg te lopen en te roepen: 'Spiegeltaart, my ass!'

ENIGE

In mijn buurt is een sleutelwinkel met een raambordje waarop staat: FIETSEN WORDEN ECHT VERWIJDERD. Door dat bordje realiseer je je dat de droge mededeling 'Fietsen worden verwijderd' normaal gesproken niet meer is dan een dreigement – gevolgd door het besef dat je inderdaad nog nooit iemand een fiets hebt zien verwijderen.

Onlangs is er nog een bordje bij gekomen, of liever: een groot vel papier. Daarop staat: GEZOCHT! MEDEWERKER MET ENIGE KENNIS VAN SLEUTELS.

Alweer een pareltje, en dat komt vooral door het woord 'enige'. Je zou denken: iedereen heeft wel enige kennis van sleutels, dus iedereen kan solliciteren. Maar doordat dat zo'n open deur lijkt, vermoed je meteen dat je belangrijke feiten omtrent sleutels over het hoofd ziet. Dat je bij je sollicitatie ineens geconfronteerd wordt met allerlei jargon. 'Oké, maar als ik jou nu een Lips geef zónder streefnaafje en die moet je combineren met een S76, wat doe je dan?' 'Ehm...' 'O, ik dacht dat je wel enige kennis van sleutels had.'

Of erger: dat dat 'enige' puur sarcastisch bedoeld is. Dat er al verschillende medewerkers zijn ontslagen, en dat de sleutelmaker nu met een air van 'ik vraag niet veel...' zijn nieuwe papier heeft opgehangen. 'Gezocht: iemand met de intelligentie van een zeeslak', zoiets.

Waarschijnlijk bedoelt de sleutelmaker de vacature niet zo, maar zeker kun je daar niet van zijn. Want 'enige' wordt wel vaker sarcastisch gebruikt. 'Het zou fijn zijn als jullie hier enige opruimwerkzaamheden zouden willen uitvoeren,' aldus een moeder tegen haar puberzoons. Of: 'Enig idee hoelang je nog bezig bent met het alfabetiseren van je cd's waar je toch nooit meer naar luistert?'

'Misschien' en 'toevallig' zijn ook buitengewoon geschikt voor sarcasme. 'Zou je heel misschien, toevallig de planten water kunnen geven?' Mensen die alle hoop hebben laten varen dat de wereld ooit aan hun droombeeld gaat voldoen, gaan dit soort woorden gebruiken.

Als deze diepteleurgestelde mensen toch, tegen elke verwachting in, hun zin krijgen, zijn ze helemaal van hun stuk. Vaak volgt er dan alleen nog maar een verbouwereerd en afgemeten: 'Nou. Mijn dank is groot.'

WAT DE?

Amerikanen die iets van opvoeding hebben meegekregen zullen niet zo snel 'What the fuck?' uitroepen. Tenminste niet in elk gezelschap. 'What the heck' misschien nog wel, als beschaafde variant op 'What the hell', en er bestaat zelfs een oplossing voor wie alle moeilijkheden wil omzeilen, en dat is 'What the?'.

Ik vind dat moeilijk uit te spreken. Normaal ga je bij een vragende zin pas bij het laatste woord met je stem omhoog, bijvoorbeeld bij 'fuck' of 'hell' dus. Als dat woord weggelaten wordt, moet je dus op het normaliter onbenadrukte 'the' ineens omhoog. Voor mij voelt dat als hordenlopen op de middelbare school; dan zette ik ook altijd verkeerd af en liep ik die horde omver. Amerikanen hebben er geen moeite mee. Die zeggen volstrekt natuurlijk 'What the?'.

In Nederland is 'Wat de fuck' al jaren een manier om verbazing uit te drukken. Afkorten tot 'Wat de?' heb ik nog niet gehoord. Waarschijnlijk zijn wij te blij met het woord 'fuck'.

FUK

Ik was bij een basisschool waar in de voordeur FUK YOU stond gekrast. Vervolgens was 'Fuk' doorgekrast en was er 'Fuck' boven gezet. Het was niet netjes wat deze jonge vandaal wilde overbrengen, maar de school had er bij hem of haar blijkbaar wel goed ingeramd dat een correcte spelling belangrijk is.

Er zijn verschillende manieren om 'fuck' te zeggen. Je hebt mensen die proberen om hun 'fuck' zo Amerikaans mogelijk te laten klinken, en daarom iets zeggen dat klinkt als 'fak'. Een beetje overcorrect, maar wel handig als je 'fuckfuckfuckfuckfuck' wilt zeggen: dat gaat makkelijk met de a-klank.

Fuckfuckfuckfuckfuck past bij 'langzame rampen'. Denk aan een beslagkom die traag kantelt, waarna al het beslag op de grond druipt. Of je bent net een gat aan het boren en de ladder schuift onder je weg, waardoor je je nog probeert vast te klampen aan de boormachine, maar dat slaat nergens op. Ondertussen zeg je fuckfuckfuckfuckfuck.

Een tweede mogelijke uitspraak van 'fuck' is 'fok'. Fok is vooral handig in constructies als 'Fokking niet normaal' en 'Wat de fok'.

Ten derde zijn er mensen die gewoon 'fuk' zeggen. Met de 'u' van kruk. Een gezellige, oer-Hollandse fuk, die je kunt gebruiken om kleine irritaties te versieren met wat taal. Je zakt met je voet door het ijs en nu heb je een natte schoen: 'Fuk.' Je ging naar de supermarkt om wc-papier te kopen, maar nu ben je uitgerekend dát vergeten: 'Fuk.'

'Fuck' spellen als 'fuk', zoals op de schooldeur, heeft datzelfde gezellige. Maar 'fuk' is meer dan alleen gezellig. Ik zou zelfs zo ver willen gaan dat 'fuk' de ultieme 'fuck' is, namelijk de 'fuck' die 'fuk' zegt tegen 'fuck' zelf. De meta-fuck, de zelfreferentiële, postmoderne fuck. Dat is Fuk.

BINNEN DE LIJNTJES

Ik zag een documentaire over de filmregisseur David Lynch. Die was eerst schilder. In de documentaire zie je vele, vele close-ups van zijn schilderijen, zodat je steeds blijer wordt dat hij later is gaan filmen.

Omdat hij blijkbaar als peuter al iets artistiekerigs in zich had, mocht hij van zijn moeder geen kleurplaten inkleuren. Alleen maar zélf tekenen. Zijn broer en zus mochten wel kleurplaten – het was dus geen kleurplaat-aversief milieu.

Toen ik klein was, was de kleurplaat absoluut iets waar je overheen diende te groeien, laten we zeggen op je negende. Maar sinds een aantal jaar, het kan niemand ontgaan zijn, is de kleurplaat alom tegenwoordig, en júíst voor volwassenen. Kleurboeken zijn te koop in elke kiosk en elke boekhandel.

En dan meteen een keihard nieuwsfeit hierbovenop: net nu we denken dat we nooit meer van die kleurboeken af komen, blijkt de interesse ervoor tanende te zijn. Tanende! Ik heb het gehoord van een inkoper van een grote boekhandelketen. De rage is niet voorbij, maar tanende.

'I'm looking for the kind of life stress that an adult coloring book might solve,' heb ik wel eens iemand horen zeggen, en dat is waar. Dat je niet bezig hoeft te zijn met vluchten voor oorlog, of geld verdienen voor je zieke echtgenoot, maar dat alles blijkbaar zó goed gaat dat jouw laatste restje levensproblematiek opgelost kan worden met een kleurboek. Hangt iemand ooit zo'n ingekleurde kleurplaat op? Neen. Het is een resultaatloze bezigheid, en dat zal ook wel de point ervan zijn, want anders zouden de strebers en overachievers die ermee bezig zijn het weer perfect willen doen, met alweer een nieuwe burn-out tot gevolg.

Nou ja, ik heb me er nooit aan overgegeven omdat ik al andere onnuttige dingen doe, maar het feit dat deze kleurplaattrend alweer tanende is vind ik toch jammer. Ik denk niet dat de kleurplaat zijn volle potentieel heeft bereikt. Hij is toch een beetje blijven hangen in mandala's en behangpatronen. Er had wat mij betreft meer energie gestoken mogen worden in drukke kleurplaten met veel mensen. Met misschien wel actuele thema's, om toch de connectie met de echte wereld een beetje te houden. Bijvoorbeeld een kleurplaat van de hele Tweede Kamer, met herkenbare lijsttrekkers erop. Of een Gronings landschap met verzakte huizen. Dat is én decoratief én educatief.

Anderzijds had men binnen de branche ook juist veel meer aan de minimalistische kant kunnen gaan zitten. Met Malevich-achtige thema's: een vierkant op een verder leeg vel.

Of niks? Gewoon een lege pagina, die je naar eigen inzicht helemaal in kunt kleuren.

GOED VOELEN

Er was een tijd dat mensen niet zo veel voelden. Daar hadden we het te druk voor. We waren twaalf uur per dag in een fabriek aan het werk, en we voelden alleen iets als er per ongeluk een vinger werd afgezaagd.

Later mochten mensen wel wat voelen. Bij de dokter bijvoorbeeld: 'Voelt u dit?' En dan zei de patiënt: 'Ja.'

Nog later mochten mensen 'zich' voelen. 'Hoe voelt u zich?' 'Best.' Dat wij onszelf mochten voelen, beviel heel goed. Wij breidden het ons-voelen uit. 'Ik voel me gewoon zeg maar best wel raar of zo. Maar ook weer niet echt.' Of, dit heb ik wel eens in het wild gehoord: 'Ik heb zo'n gevoel van ik weet niet hoe ik me voel.'

Inmiddels lijkt het alsof we afscheid aan het nemen zijn van het 'zich voelen'. Dat komt doordat 'het' is gaan voelen. Zoals in de volgende conversatie: 'Goh, leuk, gaan jullie trouwen?' 'Ja, want het voelt gewoon goed.' Niet: want dat willen wij. Of desnoods: want wij voelen ons goed als we bij elkaar zijn. Nee, het voelt goed. 'Het' betekent zoiets als de situatie of het universum of het leven.

Deze vorm van voelen kan gesprekken makkelijker maken, want je hebt het niet meer direct over jezelf. 'Ik wilde heel graag meehelpen met die actie voor daklozen, maar weet je: ik moet het niet doen, want het voelt gewoon niet goed.' Als 'het' niet goed voelt, dan hoeft er verder niets uitgelegd te worden. Je hoort trouwens nooit: 'Nee, ik moet het maar niet doen. Het voelt slecht.' Het is altijd 'niet goed'. En als dat nog te bot klinkt, kun je zeggen: 'Het gevoel is er niet.'

Dus hoe onpersoonlijker je iets brengt, hoe minder agressief het overkomt. En daar hebben mensen behoefte aan. Vroeger kon je als je iets niet wilde, altijd nog beweren dat God het er niet mee eens was. Daar komt vandaag bijna niemand meer mee weg. Voor God is 'het' in de plaats gekomen.

'Hoekig en knapperig krokant is wat men van buiten ziet, maar zo zacht en vol vuur in het hart.' Ik las deze zin en dacht: dit is poëzie. Een bijnaiku, behalve dat er geen natuur in voorkomt.

Een goed gedicht heeft wel vaker iets onbegrijpelijks. En ook dat ongrammaticale – dat komt regelmatig voor in de poëzie. Neem het gedicht 'De moeder de vrouw' van Martinus ('Ik ging naar Bommel om de brug te zien') Nijhoff. In dit gedicht ligt de verteller in het gras en hoort hij een stem opklinken vanaf een naderend schip. 'Zij was alleen aan dek, zij stond bij 't roer, en wat zij zong hoorde ik dat psalmen waren.' Een rare kromme zin, maar in dit geval juist goed: eerst hoor je iemand, dan hoor je dat iemand zingt, en naarmate het schip dichterbij komt hoor je dat het psalmen zijn die gezongen worden.

Ik probeer altijd om 'De moeder de vrouw' op te zeggen als ik over de Martinus Nijhoffbrug bij Zaltbommel rijd (en ja, dat is een rare hobby, maar ik ben er tenminste wel open over). Het is mijn ambitie om het precies zo te timen dat het gedicht begint bij het begin van de brug en eindigt bij het einde. Dat is mij nog nooit gelukt.

Goed, terug naar het 'hoekig en krokant'-gedicht. Er zit maar één woord in waardoor je weet: nee, toch geen poëzie. Dat is het woord 'krokant'. Krokant is een woord dat vooral wordt gebruikt door mensen in de voedselbusiness. Het is een nikswoord. Krokant heeft niet het kokette van kroket. Krokant heeft niet het korte van krant. Krokant is... krokant. Geen poëzie.

En inderdaad: deze tekst staat op de doos van de kersenflappen met room van Albert Heijn. 'Kersenflappen' is een eenzaam en vies woord, dat snap ik ook wel. Maar het heeft ook wel weer iets koddigs. Laat de kersenflap de kersenflap, zou ik zeggen, en doe niet aan poëtisering.

Wat dan wel weer een mooie gedachte is: er bestaat dus ergens een kamer met daarin mensen die deze teksten aan het componeren zijn. Ik wil graag een zes uur durende tragikomische documentairereeks over deze kamer zien.

HET VOLGENDE

Ik mail ongeveer vier keer per dag: 'Ik mail even over het volgende.' Ik kan deze zin niet meer zien. Toch kom ik er niet van af. Vanwaar deze auto-irritatie? Ten eerste dat 'even'. Ik bedoel waarschijnlijk: dit is niet zo heel erg belangrijk. Daarom zeg ik dat ik het 'even' doe, eventjes tussendoor. Maar ook in heel belangrijke mails schrijf ik 'even'. 'Even' is nep-nonchalance. Blijkbaar wil ik de ontvanger niet afschrikken met een plechtstatig 'Ik mail over het volgende'.

Maar daarmee kom ik meteen bij de volgende auto-irritatie, namelijk: waarom moet er überhaupt gezegd worden dat ik mail? De ontvanger ziet al dat ik mail, want de zin staat in een mail. Het doet denken aan mensen die bij alles wat ze zeggen ook eerst moeten zeggen dat ze iets gaan zeggen. 'Ik zeg, we doen het gewoon.' Of: 'Ik zal je zeggen, ik vind kamperen helemaal niks.' Ja, je zegt wat, dus je zult wel wat aan het zeggen zijn.

De derde auto-irritatie bij mijn standaardopeningszin is, hoe kan het ook anders, 'het volgende'. Ook hier geldt: ja, logisch. Je zult niet mailen over het voorafgaande. Wat volgt zal wel zijn waar het om draait.

En nu ik toch bezig ben: waarom mail ik 'over' het volgende? Waarom mail ik niet gewoon het volgende?

Je zou zeggen: als blijkbaar álles mis is aan de zin 'Ik mail even over het volgende', schrijf dan wat anders. Maar omdat ik dagelijks een keer of tien een e-mail moet beginnen, is het moeilijk om origineel te blijven. En een nieuwe standaardzin dan? Die levert, dat weet ik nu al, binnen ja en nee weer nieuwe irritaties op.

Ik pleit daarom voor mailenderwijs met de deur in huis vallen. Geen aanhef, en meteen zeggen waar het over gaat. Zonder aankondiging. En zonder afsluiting! Ik denk nu aan de duizenden keren dat ik heb getypt 'Ik hoop even van je te horen'. Wat heerlijk om ook daar vanaf te zijn.

In Duitsland kunnen ze langer discussiëren dan bij ons. Dat is algemeen bekend. Ik heb wel eens een Duitse gesproken die naar Nederland geëmigreerd was omdat ze de lange discussies zat was.

Een van de dingen waar de Duitsers langere discussies over hebben dan wij, zijn aanspreekvormen. Waar ze het met elkaar over eens zijn is dit: nooit alleen maar de mannen aanspreken, ook de vrouwen. Op universiteiten is het dus gebruikelijk om in publicaties altijd de Studentinnen en de Studenten aan te spreken. Bij ons zou dat oubollig klinken: 'Beste studentes en studenten...' Het doet mij denken aan een juf die ik op de basisschool had, die een paar keer per dag zei: 'Dames! Heren ook! Even opletten!'

In Duitsland denken ze waarschijnlijk: dan maar oubollig, want stel je voor dat iemand zich buitengesloten voelt. Gediscussieerd wordt er vervolgens over de precieze notering van de aanspreekvormen. Met een schuine streep ertussen? Staat lelijk. Steeds met het woord 'en' erbij? Beetje lang.

Op de universiteit van Leipzig zijn ze tot een opmerkelijke oplossing gekomen. Daar worden nu álle hoogleraren Professorin genoemd. Ook de mannen. Dit in combinatie met de Duitse beleefdheidsvorm wordt het dus 'Herr Professorin'. Daarnaast wordt het woord Wissenschaftler vervangen door Wissenschaftlerin.

Het had mij makkelijker geleken om gewoon de mannelijke vorm voor iedereen te gebruiken omdat die korter is, maar wie ben ik? Ik heb er niet dagenlang over gediscussieerd. Ik denk altijd dat taal de samenleving alleen maar reflecteert, maar misschien kan taal soms ook iets bewerkstelligen. Dat je als meisje bij het zien van het woord 'Professorin' denkt: maar dat kan ik ook!

Saillant detail: de Leipzig-aanspreekvorm werd aldaar voorgesteld door een mannelijke docent, als grap. De vrouwelijke rector (pardon, rectrix) sprong daar vrolijk op in. Want zestig procent van de studenten aan haar universiteit is vrouw, dus het was een reuzegoed idee.

Ik denk dat de mannelijke docent die de grap maakte al langer op de zenuwen van de rectrix werkte. Zo'n vervelende man die elke oeverloze discussie nog langer maakt door met een zeer muffe grap te komen. Om dan grinnikend om zich heen te gaan zitten kijken, zich gesteund voelend door de andere mannen.

Ik begrijp die rectrix wel.

I KNOW

Soms zijn er taaltrends waarvan je zeker weet dat je er nooit in mee zult gaan. Voorbeeld. De laatste tijd hoor ik veel vrouwen elkaar aanspreken met 'vrouw'. Je komt ergens binnen en dan wordt er tegen je gezegd: 'Dag vrouw, hoe gaat het met je?' Als je het opschrijft ziet het er helemaal raar uit, maar ook in gesproken vorm kan ik er slecht aan wennen. 'Zeg vrouw, wil jij nog koffie?' Ik vind het meer iets voor een scène in een felrealistisch toneelstuk gesitueerd in de negentiende eeuw.

Er zijn ook taaltrends waarbij je aanvoelt: nu zeg ik het nog niet, maar binnenkort kan ik niet meer zonder. Ik heb dat ooit gehad met het woord 'ziek', in deze betekenis: 'Ik vind het gewoon ziek hoeveel hij weet van Engelbert Humperdinck.' Even later werd ziek 'sick', en ik vond dat eerst een woord voor mensen die cooler zijn dan ikzelf. Maar in een mum van tijd had ik 'sick' omarmd. En hoorde ik mezelf dingen zeggen als: 'Dit is echt sick! Zo sick! Niet normaal!' Inmiddels ben ik er weer vanaf.

Het meest recente trendje waarvan ik denk dat ik het ga zeggen, ook al zeg ik het nu nog niet, is 'I know'. Het wordt zo gebruikt: 'Ieuw, mannen met sandalen aan zijn zo sexloos.' 'I knoooow!' Waarschijnlijk weet ik over een halfjaar niet meer dat ik het ooit níét zei.

GASTVRIJ

In het ooit populaire tv-programma *Blik op de weg* werden mensen gefilmd die zonder enig talent voor autorijden toch een rijbewijs hadden. Nadat deze mensen over het fietspad hadden gereden, of met 120 kilometer per uur door de bebouwde kom waren gescheurd, moesten ze hun eigen rijgedrag op video bekijken.

Steevast begon hun commentaar met: 'Ik vind mezelf een heel goede chauffeur.'

Hoe slecht kent de mens zichzelf, dacht ik dan altijd. De beelden laten onomstotelijk zien dat je geen goede chauffeur bent, en toch houd je vast aan je eigen idee over jezelf.

Zelf had ik helemaal geen last van dit soort waanbeelden. Dacht ik.

Onlangs kwam er iemand die ik nog niet goed kende, bij ons koffiedrinken. 'Heb je er iets in?' vroeg ik. Nee, dat had hij niet. 'Gelukkig!' riep ik. 'Ik ben namelijk helemaal klaar met mensen die dan "geklopte melk" in hun koffie willen!' De gast keek beduusd. Wat een ongastvrije, enge vrouw was ik. Hij zei het niet hardop maar hij dacht het wel. Ik probeerde terug te denken: maar ik ben eigenlijk heel gastvrij, hoor!

Ik vertoonde natuurlijk hetzelfde gedrag als de *Blik op de weg*-mensen. Als je vindt dat mensen geen geklopte melk in hun koffie mogen willen, kun je jezelf wel gastvrij vinden, maar ben je het niet. 'Ik was een beetje moe,' verdedigde ik mezelf later. Maar het feit blijft dat ik nog steeds opgelucht ben als mensen zwarte koffie willen en verder niks.

Een vriend van mij vertelde dat hij juist heel blij is als mensen melk in hun koffie willen. Dan kan hij ze eens goed laten zien wat een lekkere koffie hij kan zetten. En hoe zeer hij zijn gasten tegemoetkomt. Dat is in de praktijk gastvrijer dan ik ben, maar de motivatie erachter is niet per se edeler.

Er zullen heus wel mensen zijn die intrinsiek gast-

vrij zijn. Die er niets voor terugverlangen en die alleen maar blij zijn dat ze een ander gelukkig kunnen maken (zie tekening). Dit zijn betere mensen. Hoewel er ook iets te zeggen valt voor de ongastvrije mens, die ondanks zichzelf toch de juiste gastvrije handelingen verricht. Is dat niet de echte opoffering?

NIET TER ZAKE

Op de radio werd iemand geïnterviewd over een van de ergere dingen des levens: een zware depressie. De geïnterviewde was nogal openhartig, dus als luisteraar had ik het gevoel dat ik bij hem op schoot zat. Iets later in het gesprek ging het over het alledaagse onderwerp ‘het kopen van een huis’. Toen zei de geïnterviewde: ‘Dat ging ook niet helemaal lekker, maar dat doet nu verder niet ter zake.’

Mijn instinctieve reactie was: dan doet het dus juist wel ter zake. Als iemand je alles wil vertellen, behalve één klein ding, dan is dat kleine ding misschien niet zo heel klein. Zonder dat ik verder bijzonder geïnteresseerd ben in verhalen over het kopen van een huis, leek me dat gespreksonderwerp ineens interessanter dan die hele depressie.

Helaas, het is erg moeilijk om uit te drukken dat dingen onbelangrijk zijn. Zodra je dat probeert, lijken ze júíst belangrijk. Hetzelfde geldt voor de dingen waar je het niet over wilt hebben. Als je zegt: ‘Daar wil ik het liever niet over hebben’, zullen de toehoorders meteen denken: ik wil daar alles over weten. Het talent van ‘ergens overheen kunnen praten’ kan daarom niet genoeg bewonderd worden. Er zijn mensen die het zo goed kunnen dat je het nauwelijks merkt. Er zijn vast mensen bij wie je het nooit merkt – bij hen weet je dus niet eens dat ze goed zijn in het over dingen heen praten.

Er bestaan ook mensen die doen alsof ze iets niet

willen vertellen, maar stiekem staan te popelen. 'Ik heb toen twee operaties achter elkaar gehad, ik zal er verder niet op ingaan...' Nee, inderdaad, denk je, ga daar alsjeblieft niet op in. Maar daar komt het hele verhaal al. Er worden littekens getoond. Die vast allemaal heel erg ter zake doen, daar niet van.

MAMIL

'"Ik ben afgelopen zomer gaan hiken in de Pyreneeën," zei de ene barista tegen de andere.' Zo zou je je roman gerust kunnen beginnen. Een paar jaar geleden niet, en vermoedelijk over een paar jaar ook niet meer. Een eiland in het taal-tijdcontinuüm. Niet alleen vanwege de barista die nog niet zo lang bestaat, maar ook vanwege dat hiken (spreek uit haiken).

'Wandelen' klinkt te suf, te veel alsof je de paddenstoelen van de ANWB braaf volgt naar het pannenkoekenhuis. Hiken klinkt als: boven de 2500 meter, echt zweten, gevriesdroogd voedsel meenemen en, zij aan zij met een bergmarmot, een zonsopgang zien. Vroeger heette die activiteit dus ook gewoon wandelen, maar toen werd wandelen nog niet als sport beschouwd.

Nu steeds meer mensen vinden dat ze moeten sporten, voldoen de oude woorden niet meer. Oude activiteiten moeten nieuwe namen krijgen, anders voelen die niet sportief genoeg. 'Joggen' is daarom passé. Je denkt dan aan te dikke, voortsjokkende mensen die gedwongen zijn door de dokter, mensen zonder enige innerlijke motivatie. Joggen/sjokken kan langzamer gaan dan wandelen.

Nee, nu rennen wij. Rennen is weliswaar een oud woord, maar heeft de afgelopen jaren nieuw elan gekregen. Rennende mensen stralen uit dat ze dat van niemand hoeven, behalve van zichzelf. De renner heeft niet per se plezier, maar wel veel zweet en een soort getormenteerde doelbewustheid. Natuurlijk heeft de renner een strakke broek aan, in plaats van het (ook ter ziele zijnde) joggingpak. In het Engelse taalgebied bestaat de term 'mamil': een middle-aged man in lycra. Dat refereerde oorspronkelijk aan fietsende mannen in strakke pakken, maar kan net zo goed op een rennende man in een strak pakje slaan.

Dat de strakke broek niets toevoegt aan de prestatie, zal over een tijdje duidelijk worden. Over een jaar of tien kunnen we naar foto's van nu kijken en denken: waarom had iedereen toen een glimmende legging aan? Toch niet omdat we toen nog echt dachten dat die stof 'ademde'?

Het wachten is op een als cool te boek staand persoon die in z'n gewone broek gaat rennen. En die na het rennen een bakkie pleur gaat drinken, gemaakt door moeder de vrouw. Niks barista.

Strips hebben ons veel gegeven. Een van de verworvenheden is dat we sinds de strip creatiever zijn geworden met het nabootsen van klanken (Arg! Zie ook pagina 43).

In stripverhalen worden tekeningen vaak gelardeerd met grote letters waarmee de klank van het gebeurde wordt overgebracht. Een auto rijdt weg: 'Vroooommmmmm!!!' Een vliegtuig vliegt laag over: 'Roooaaaaarrrrr!!!' Dat lees je niet in normale boeken. 'Zoef!' En wég zijn onze helden.

Gevechten zijn ook bronnen van goede geluiden. 'Wham!', 'Baf!' en het komischere 'Snok!'. Zijn er explosieven bij het gevecht betrokken, dan is 'Kaboem!' van de partij. Lasergeweren doen 'Zap!'. En kogels doen van 'Fieuw!'.

Ook in de tekstballonnen komen klanknabootsingen voor. In *Jan, Jans en de kinderen* wordt een uitspraak regelmatig begonnen met 'Proest'. 'Burp' heb je ook. En 'Grrr'. Donald Duck roept soms verbaasd: 'Wak!' Maar dat is meer omdat hij zijn roots als eend niet wil verloochenen.

Een van mijn lievelingsuitroepen in strips is 'Eek', uit *Suske en Wiske*. 'Eek' vergezelt momenten van schrik. Misschien is dit een Engels woord, dat als 'iek' uitgesproken dient te worden. Maakt niet uit. (Terzijde: ik kan niet anders dan de designer Piet Hein Eek associëren met het Vandersteen-imperium.)

Omdat ieder weldenkend mens wel eens een strip

leest, sluipen de striponomatopeeën onze spreektaal in. 'Arg' bijvoorbeeld, maar ook 'Wham': 'Het was zo glad, ik ging echt wham op mijn bek.' De stripklank voor verbazing is 'Hunk'; daarom zeg ik al zeker dertig jaar bij tijd en wijlen: 'Hunk?' Ook heb ik wel eens iemand, Wiske indachtig, 'Eek' horen zeggen.

De klanknabootsingen staan niet vast. Wie vindt dat een stomp in de buik van een dikke man klinkt als 'Vlonk', kan dat gewoon gebruiken. Dat maakt dit type onomatopee zo leuk. Er zijn geen regels, en je voelt vanzelf of het geluid goed getroffen is of niet. Een olievat dat onder water tegen een boot botst: je kunt er makkelijk 'Kongkongkong' bij zetten.

Ik zou trouwens ook graag stripgeluiden willen hebben voor dingen die geen geluid maken. Zoals het swipen op de iPhone. Ik stel voor: Vip… vip… vip.

VANDALISTEN

Ik zat eens in een Amsterdamse tram toen Ajax net gewonnen had. Best eng, want mijn medereizigers sprongen heel hard op en neer en riepen: 'Wie niet springt die is geen jood.' Maar het had ook wel weer iets gezellig-puberaals, vooral toen de conducteur vlak bij het Leidseplein riep: 'Volgende halte Coolsingel!'

Ooit was het de gewoonte onder supporters om enthousiast te scanderen: 'Wij zijn vandalisten!' Dat woord bestaat nog niet zo heel lang. Vroeger heette iemand die graag aan zinloze vernielingen deed een vandaal. Dat komt van de Vandalen, een Oost-Germaans volk dat in de vijfde eeuw Rome heel vakkundig heeft geplunderd. Zo vakkundig dat we het er vijftien eeuwen later nog over hebben.

Van dat woord 'vandaal' werd de term 'vandalisme' afgeleid. Na een tijdje hadden mensen het liever over het vandalisme dan over de vandaal. 'Vandaal' werd een beetje vergeten, en toen leek het ineens of vandalisme van 'vandalist' kwam. Zoals het realisme bevolkt wordt door realisten en niet door realen, zoals het socialisme gepropageerd wordt door socialisten die niet per se sociaal hoeven te zijn, zo zou het vandalisme wel van de vandalisten zijn.

En het klinkt ook lekkerder. Zodra iets met een 'isme' te maken heeft, is het waarschijnlijk bestudeerd door de sociale psychologie en moet je het dus Heel Erg Serieus nemen.

Op een dag is naast 'vandaal' ook 'vandalist' opgenomen in het woordenboek. Dat kun je raar vinden, een soort taalvandalisme zelfs. Aan de andere kant, hadden we anders verwacht van een instelling die zichzelf Van Dale noemt?

Toch is het gevoel dat je bij 'vandaal' krijgt anders dan bij 'vandalist'. In Arnhem zag ik met grote letters op een dichtgetimmerd pand staan: HIER WOONT IEMAND GODVERDOMME! LAAT MIJ MET RUST VANDALISTEN EN INBREKERS! Had hier 'vandalen' gestaan, dan zou ik verwacht hebben dat er in het huis een vervuild mannetje van tachtig woonde. Nu dacht ik meer aan een kraker op leeftijd. Met een spijkerjasje aan en een veiligheidsspeld door zijn oor.

ZIELIG

Na een kleine ingreep lag ik op de bank zielig te zijn. Makkelijk is dat niet. Als je te manhaftig doet, vindt niemand je zielig, en dat is zonde want dan heb je er niets aan. Doe je daarentegen té zielig, dan vindt iedereen je een aanstelster. Het is dus zaak voor een zielig persoon om op quasi-heldhaftige toon te zeggen: 'Nee, het gaat wel.' En dan even scherp de adem inzuigen, alsof er een pijnscheut onderdrukt wordt. Vervolgens zeggen: 'Nee, echt. Het gaat wel.' Slachtofferschap is een kunst.

Overigens geldt voor alle zielige situaties: laat het woord 'zielig' niet vallen. Want dat schijnt heel negatief te klinken. Ik heb wel eens iemand zielig genoemd, omdat ik daadwerkelijk medelijden had. Diegene boos, want hoe durfde ik het label zielig op haar te plakken. Dat was ze niet. Je hoort dan ook vaak: 'Niemand wil zielig gevonden worden.' Dat betwijfel ik ten zeerste. Bijna iedereen wil bij tijd en wijle zielig gevonden worden. Alleen wil bijna niemand zielig genoemd worden.

Waarschijnlijk is het woord zielig zo taboe omdat het vaak in beledigingen gebruikt wordt. Stel, de aso-buurman heeft laatst zijn auto in je voortuin geparkeerd en hij wil nu niet eens meehelpen het stukgereden gazon te fatsoeneren. Dan kun je die buurman toebijten: 'Dit vind ik gewoon zíélig. Dit. Echt zíélig.' Daarmee lijkt het alsof jij erboven staat en het een probleem van de buurman is. Quod non.

Ik denk dat het met 'zielig' dezelfde kant op gaat als met 'triest'. Dat was ooit een gemoedstoestand. Nu is het een verzamelterm voor alles wat je niet wilt hebben of zijn. Sokken in sandalen. Een veertiger op een te jong feest.

Na de kleine ingreep lag ik te proberen op constructieve wijze zielig te zijn. Ik koos voor de techniek van de katholieke martelares: in stilte lijdend. Helaas merkte toen niemand meer dat ik zielig was. Na een klein halfuur kwam mijn ware aard alweer naar boven en hoorde ik mezelf roepen: 'Nee joh, prima! Ik pak mijn telefoonoplader zelf wel. Ik sleep mijn wond wel weer naar boven. De trap op. Als ik het haal. Au au.'

En dat was pas echt zielig.

ZOETJE

Wat buitenlanders leuk vinden als ze Nederlands leren: dat Nederlanders zo veel verkleinwoordjes gebruiken.

Wat Nederlanders irritant vinden aan andere Nederlanders: dat ze zo veel verkleinwoordjes gebruiken.

Of het nu charmant of juist irritant is: dat we dit doen is waar. Er zijn mensen (vrouwen) die in elke zin drie verkleinwoordjes, pardon verkleinwoorden gebruiken. 'Ik had dropjes meegenomen voor mijn collegaatje omdat ze me laatst naar zoooo'n schattig koffietentje had meegenomen.'

Een specifiek soort verkleinwoord is het verkleinde bijvoeglijk naamwoord. Zo op het eerste gezicht lijkt het alsof dat niet kan. Maar denk aan het zoetje. En dan niet het zoetje dat sommige mensen in hun koffie gooien. Nee, een ander zoetje.

Ik denk dat het alweer een jaar of tien geleden is dat 'lekker eten' een nieuwe religie werd. Een nieuwe religie heeft hoge priesters nodig, en dat zijn de mensen die 'foodies' genoemd worden. Foodies laten graag weten dat ze foodies zijn. Dat doen ze door middel van een veelvuldig gebruik van verkleinde bijvoeglijk naamwoorden. 'In die saffraansaus zit een heel verrassend zoetje, en dat doet het goed als tegenhanger van het zuurtje.' 'Hm, klopt. Maar ik proef ook een bittertje.' 'Ja, dat is dan weer een antwoord op het zoetje.'

Bijna elk bijvoeglijk naamwoord kun je op deze manier verkleinen tot een zelfstandig naamwoordje. Als het maar positief is voor het eten, want wat bijvoorbeeld nooit zou kunnen is: 'Ik proef een ranzigje in de boter. En ook een mufje in het brood.' Verkleinwoorden zijn kooswoorden, en die dienen dus opbouwend van aard te zijn.

In dezelfde liefkozende sfeer worden ook werkwoorden vervormd en verkleind. 'Er zit een lekker knispertje in die taartbodem,' hoorde ik laatst. 'Echt een knappertje, zeg maar. Hoe krijg je dat toch voor elkaar?' Alle verkleinwoorden in de culi-taal zijn bedoeld om elkaar te voeden met recepten en adressen van restaurants.

'Zoutje' wordt trouwens nooit gebruikt als culinair ophemelend woord, want bij zoutje denken we meteen aan een anti-gastronomisch knabbeltje van Duyvis.

TOEVALLIG

Het woord 'toevallig' wordt vaak op beschuldigende toon uitgesproken. Het eigen gelijk wordt ermee benadrukt. Het woord wordt dan gebruikt als het omgekeerde van toeval. 'Ik heb er anders wel in mijn eentje voor gezorgd dat de hele auto alvast is ingepakt voor de vakantie. Toevallig.' Er zit iets in van 'Jij denkt dat alles maar vanzelf gebeurt, terwijl ik me loop uit te sloven'. 'Toevallig' is het wapen van de passieve agressieveling.

Het echte toeval, dat wat je toevalt, is veel mooier. Zo mooi dat mensen bereid zijn toeval te zien in bijna alles. In *De Telegraaf* stond een artikeltje over de autistische jongen Martijn, die spoorloos verdween en in Thailand werd teruggevonden. In dit artikel staat de volgende zin: 'Een vriend van een collega van Martijns moeder was toevallig op zevenhonderd kilometer van Bangkok.' Inderdaad, wát een toeval. Dat je moeder een collega heeft, die weer een vriend heeft, die zevenhonderd kilometer van je verwijderd is.

Dat iemand bereid is om dit als een gelukkig toeval

te zien, zegt iets moois over de mensheid. We kennen allemaal de verhalen over jeugdvrienden die elkaar tegenkomen op de top van de Mont Blanc, waarna blijkt dat ze al vijf jaar bij elkaar om de hoek wonen. Het soort verhalen waar je alleen maar op kunt reageren met: 'Wauw, ja. Ongelooflijk.' Maar daarmee is het verhaal dan ook af. Zijn deze mensen, door dit soort toeval, voor elkaar bestemd? Niet bepaald.

Het soort toeval dat nauwelijks toeval is, maar met de haren erbij gesleept, is beter. Hier wordt actief geprobeerd het leven gewilliger te maken. 'Ik moest naar de tandarts en toen werd er in de wachtkamer iemand omgeroepen die toevallig dezelfde achternaam had als de huisgenoot van Robert... en toen dacht ik: nee, ik moet tóch met Robert door.' Omdat het soms moeilijk is om zelf een keuze te maken, dwingen we het toeval ons te helpen. Het toeval doet ondertussen maar wat. Maar dat houdt ons niet tegen.

WEGLATEN

Het lukt me niet eens te doen alsof ik voetbal interessant vind, maar soms wordt mijn aandacht er toch door getrokken. Een paar jaar geleden gebeurde dat door een deskundige op de radio. Het ging over de zoektocht naar een nieuwe bondscoach. De kwestie was: Henk ten Cate of Dick Advocaat.

De deskundige zei: 'Dick Advocaat is niet favoriet

bij de spelers, maar als je alles weglaat, dan is hij eigenlijk de ideale bondscoach van iedereen die beschikbaar is.'

Wat bleef rondzingen was die achteloze tussenzin: 'Als je alles weglaat.' Want ja, inderdaad, als je alles weglaat, dan is Dick Advocaat het meest geschikt.

Het lijkt me ook een heel handige bijzin voor sollicitatiegesprekken. 'Waarom denkt u zelf dat u geschikt bent voor deze functie?'

'Nou, als je alles weglaat – zoals het feit dat ik graag drink op de werkvloer en ik een verleden heb met agressie, en ik mezelf ook niet echt een mensenmens vind – dan ben ik wel echt geschikt. Maar dan moet je wel alles weglaten.'

'Oké, nou, dan doen we dat.'

Wat een vrijheid ineens. Ik denk dat dat weglaten ook in veel relaties een uitkomst zou zijn. 'Maar hou je nog wel echt van me?'

'Als je alles weglaat wel, ja.'

'Oké, gelukkig maar, want soms denk ik...'

'Lieve schat, dat moet je állemaal weglaten.'

DE EENZAME i

Fristi. Niet een drankje waar ik per se vrolijk van word. De smaak is mwah. Maar ik word vooral zo treurig van die eenzame i aan het eind. Hoe is die daar gekomen?

Fristi is geïntroduceerd in 1986. We stellen ons de

rokerige brainstormkamer van het reclamebureau voor, waar iemand met grote schoudervullingen op een flip-over schrijft: 'Fristy.' 'Nee,' zegt een man met een zwaar brilmontuur. 'Fristie,' schrijft de schoudervulling. 'Bijna,' zegt het brilmontuur. 'Streep die e nou eens door?' En hup, Fristi is geboren. Hoera! Whisky voor iedereen!

Even later gebeurt de Tsjernobylramp en is de feeststemming compleet, want de ingrediënten voor Fristi vallen gratis uit de lucht.

HET O'TJE

Genomen worden is meestal fijn, maar of dat dan in het Ootje moet? Waar ligt het Ootje eigenlijk? Is het een liefkozende term voor een auto? Of verwijst het naar de gemeente Ootmarsum-Dinkelland?

Neen, het heeft te maken met de letter o. Als iemand vroeger voor de gek gehouden werd, vormden kinderen een kring om diegene heen. Een o'tje dus.

Raar is het wel. Als iedereen om je heen begint te dansen, lijkt me dat een duidelijke clou dat je in het ootje genomen wordt. Terwijl, een echt goed ootje zou je niet door moeten hebben. Of werd het ootje pas gevormd nadat iemand ergens in was getrapt?

Ik ben zelf het type dat alles altijd meteen gelooft, en dat heeft mij jaren dwarsgezeten. Op de een of andere manier is het toffer om degene te zijn die alles meteen doorheeft. Ik denk wel eens dat dat ook de reden is dat mensen liever een negatieve voorspelling over de toekomst doen dan een positieve. Want daarmee kun je na afloop altijd zeggen: ik had dit al zien aankomen, mij hebben ze niet. Als alles toch goed blijkt te zijn verlopen, heeft niemand het meer over voorspellingen, dus zit je relatief beter met negativiteit.

Voor medegoedgelovigen heb ik trouwens de volgende tip. Als je in het ootje genomen bent, meteen roepen: 'Ach ja, natuurlijk! Ik geloof altijd alles!' Dat haalt dan toch wat van de vreugde van de ootjenemer weg. Wie al permanent in het ootje verkeert, kan er niet meer in genomen worden.

MANNENHAAR

In de trein zat ik tegenover een jongeman met lang blond haar. Het haar had een natuurlijk golfje. Veel volume ook. Wat voor shampoo zou hij gebruiken? peinsde ik. Waarschijnlijk geen. Het was vast een soort Viking die eens per maand een klont groene zeep op zijn hoofd uitsmeerde en dat was het dan.

Hij had zijn haar mee, maar verder was hij een levend anachronisme. De uitbundige golf, het volume, hij had zo in Bon Jovi opgenomen kunnen worden. Vandaag de dag is het hipper om juist kort, opgeschoren haar te hebben, liefst met een baard erbij.

Het is alsof mannen die iets onafhankelijks willen uitstralen eens in de zoveel tijd van bovenaf doorkrijgen wat zij met hun haar moeten doen. Woest en veel vanboven (jaren tachtig), slap en lang en in de ogen hangend (jaren negentig), beetje te lang in de nek en een driedagenbaardje (jaren nul). Nu, in de nadagen van de jaren tien, is er blijkbaar verordonneerd: een kort Hitlerkapsel in combinatie met een Che/Castro/Marx-baard (om ook andere politieke stromingen een stem te geven in je uiterlijk).

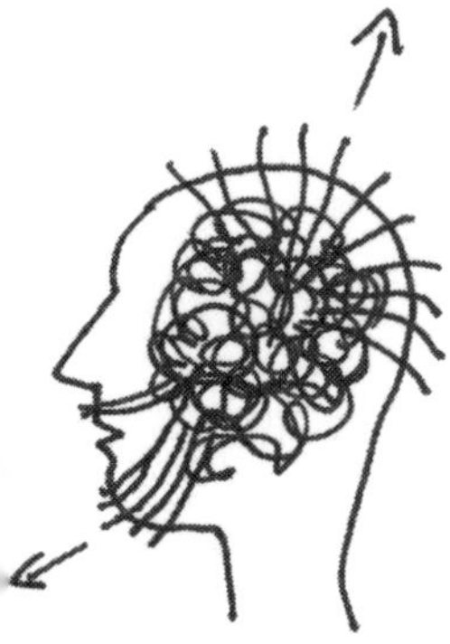

figuur 1

Mannen hebben waarschijnlijk een bepaalde voorraad haar in hun hoofd zitten, en dat kan óf naar boven, óf naar beneden uitgetrokken worden (figuur 1). Nooit in beide richtingen tegelijk, want dan zie je eruit als een zwerver. Hoe nonchalant je ook bent, je moet wel laten zien dat je in staat bent tot zelfverzorging. Anders schrik je de meisjes af (figuur 2).

De blonde man in de trein gooide zijn haar naar achteren. Het golfde levenslustig terug. Stel je voor dat je dat haar hébt, zonder dat het moeite kost! dacht ik. Daarop begon de man iets met zijn haar te doen wat ik alleen maar

figuur 2

kan beschrijven als 'opwaarts kneden'. Meisjes zie je dat ook wel eens doen. Een lusteloos gebaar, zinloos ook, omdat een krul meestal twee seconden na het kneden alweer vergeten is dat hij niet mag uitzakken. Bij de man was het meteen: weg Viking-imago. Totaal niet meer onder de indruk. Waarschijnlijk stond deze jongeman ook elke ochtend te klooien met conditioner.

En natuurlijk is dit alles geschreven vanuit de innerlijke staat 'blinde jaloezie'. God heeft mijn haar geknipt uit een stukje hoogpolig tapijt dat hij nog ergens had staan (figuur 3).

figuur 3

In het Nederlands bestaat er geen onderscheid tussen 'vrij om iets te doen' en 'bevrijd van iets'. In het Engels bestaat dat onderscheid wel. 'Freedom' betekent net iets anders dan 'liberty'. 'Liberty' heeft te maken met vrij zijn om dingen te doen, en 'freedom' gaat over niet onderdrukt worden. Dat geeft Engelstaligen de mogelijkheid zich op het gebied van vrijheid heel exact uit te drukken.

Wij hebben echter de mogelijkheid om het meer in het midden te laten, en dat is ook wat waard. 'Ik ben vrij!' geeft bij ons meer het gevoel weer: 'Vrij van' én 'vrij om'!

In het Nederlands kunnen we losjes met het begrip 'vrijheid' omgaan. We kunnen vrij hebben en vrij zijn. Parkeerplaatsen kunnen vrij zijn, maar volkeren ook. En dit heerlijke woord van onbezetheid, van niet-hoeven, van niet-gedwongen worden, dat gebruiken we zelfs voor sex. Vrijen! Het klinkt een beetje seventies, maar soit.

Een tijdje geleden hoorde ik een jongen in een streekbus aan een vriend vertellen dat zijn relatie uit was. 'Zij' had het uitgemaakt omdat het 'te snel' ging. Daar moesten de jongens samen om grinniken. Het was trouwens niet eens een relatie geweest, vertelde de verlaten jongen, want dat had zij niet gewild. Ondanks het feit dat het dus 'niks' was geweest, was het nu toch uit. 'Nou ja,' zei de jongen, 'nu is het weer gewoon rukken en naar school gaan.' Hij klonk opgeruimd. Bevrijd.

De tijden veranderen, want dat doen ze voortdurend. Ik realiseerde me laatst dat ik bijna niemand meer hoor zeggen: drukdruk. Er was een tijd dat iedereen dat zei. ‘Hoe gaat het?’ ‘Jaaaa, drukdruk.’ Of soms: ‘Drukdrukdruk.’ Het lijkt wel alsof we het niet meer cool vinden om te benadrukken hoe druk we zijn. Ik neem aan dat dit door de millennials komt, want die houden van gezellig dingen delen met elkaar, zoals ironische kaasfondue-avondjes, en daar hoort drukdruk niet bij. Je moet juist tijd hebben voor het opsparen van ervaringen, anders ben je dood voordat je echt hebt kunnen genieten.

Áls ‘drukdrukdruk’ dezer dagen al gebruikt wordt, is het grappend. Zo kun je tegen iemand die al uren op de bank Netflix ligt te kijken, opgeruimd roepen: ‘Zoooo, drukdrukdruk zie ik?’

Dit wil niet zeggen dat de mens niet meer druk is. Integendeel. Er is veel drukte, ook vanwege alle kwaliteitstijd die met elkaar moet worden doorgebracht. Maar opscheppen over drukte is er dus niet meer bij. Wat ik in plaats daarvan wel hoor is: ‘Druk, maar léúkdruk.’ Stomdruk bestaat niet, saaidruk ook niet, maar leukdruk wel.

Opmerkelijk is dat er door niemand wordt gezegd: ‘Het is leuk, maar drukleuk.’ Terwijl ‘drukleuk’ volgens mij een geschikter woord zou zijn, want ‘leukdruk’ zou heel makkelijk iets anders kunnen betekenen. Tenminste, ik heb bij dat woord altijd de associatie met de druk die er ligt op de leukheid der dingen. Bijvoorbeeld: je bent op een feestje, en iedereen vindt het leuk, behalve jij. Ligt het aan de drank die je niet dronk? Of heeft iedereen drugs genomen en weet jij weer eens van niks? Of ligt het aan jezelf? Aan je eigen karakter? Waarom kun jij dit feestje niet gewoon leuk vinden? En andere mensen wel? Dat is leukdruk van de ergste soort. 'Ik heb last van leukdruk,' zou je moeten kunnen zeggen, terwijl je je jas pakt. Maar dat kan nu juist niet. Dus neem je jezelf voor om de rest van de avond echt geïnteresseerd te doen. Je eet te veel borrelnootjes. Men vraagt hoe het met je gaat. 'Druk,' zeg je, 'maar leukdruk.'

PAUW

Even een algemene vraag: bestaan er mensen die van pauwen houden? Ik heb erover nagedacht, en ik ben tot de conclusie gekomen dat ik niemand ken die een pauw echt leuk vindt. Ik neem aan dat iedereen wel eens heeft gedacht: goh, wat een mooie veren. Maar met die constatering houdt het dan meestal ook wel op. Terwijl er op elke kinderboerderij wel eentje rondloopt, altijd met de uitstraling van een baron met migraine.

Vermoedelijk is een pauw een makkelijk te verzorgen dier. De cactus onder de vogels. Je hoeft er weinig voor te doen maar je krijgt er toch een vermoeden van natuur voor terug. En dan neem je de hellevuurkreten, die de pauw onrustbarend vaak slaakt, voor lief.

Laatst werd ik door een pauw aangestaard met een blik van: rot op. Ik zat inderdaad op het bankje waar de bewuste vogel een paar minuten eerder nog op stond om onschuldige varkens te intimideren met zijn karakter.

Ik liet mij niet wegkijken, maar werd toch zenuwachtig. Dus probeerde ik mijn angst te facen en de pauw eens goed te bekijken. Goed, hij had mooie kleuren, als je van een chiffonfantasie uit de jaren tachtig houdt. Goed, hij had een heel lange staart die hij zou kunnen opzetten als hij niet chagrijnig was. Maar wat me nu, face to face met de pauw, vooral opviel waren de paar veertjes boven op zijn kop. Alle pauwen hebben die, weet ik inmiddels. Ze steken recht omhoog en lijken op cocktailprikkers. Ze vallen in het niet bij al het overige kleurgeweld. Ze zijn niet mooi. Ze doen daar niets.

Wat zegt dit over de evolutietheorie? Dat er ooit pauwen zijn geweest met kleuren en staarten en gegil, maar zonder cocktailprikkers? En dat er toen per ongeluk één pauw met één cocktailprikker op zijn kop is gemuteerd? En dat alle vrouwtjes daar toen bovenop sprongen? Hoe deprimerend moet dat zijn geweest voor de cocktailprikkerloze mannetjes. Die wel de hele tijd met hun staart moesten rondslepen, en dat dan godbetert meneer de cocktailprikker ervandoor ging met alle fun.

Die teleurstelling, over hoe het werkt in de natuur – die zie je terug in de hedendaagse pauw.

Gesproken woorden zijn moeilijk in te trekken. In een gesprek bijvoorbeeld. Als de woorden de mond hebben verlaten, kunnen ze daar niet meer in worden teruggeduwd. Niet dat dat niet voortdurend geprobeerd wordt. 'Ik heb niets gezegd!' roepen mensen die hun mond voorbij hebben gepraat. Juist het benoemen zorgt ervoor dat het voor iedereen zonneklaar is dat er een belangrijk geheim geopenbaard is.

Soms komt iemand later, op discrete wijze, op een uitspraak terug. 'Hé, ehm, wat ik zei over mijn schoonmoeder, dat had ik eigenlijk niet moeten zeggen, dusseh... zou je dat weer kunnen vergeten?' Het stomme is: vaak was je het al vergeten. Maar nu is dat onmogelijk. (En natuurlijk, er zijn mensen die dan geruststellend roepen: 'Dat je schoonmoeder een kunstgebit heeft? Nee joh, dat ben ik al vergeten!' Deze mensen liegen.)

We kunnen een ander ook dwingen iets terug te nemen door diegene woedend toe te bijten: 'Dát neem je terug.' Dit heeft weinig zin. Want stel, iemand zegt tegen je: 'Ik heb jou altijd best wel een slet gevonden.' Vervolgens dwing je diegene deze uitspraak terug te nemen. Maar vindt hij/zij je dan ook echt geen slet meer?

Het gedwongen terugnemen van uitspraken gaat bovendien altijd zeer schoorvoetend en onder bepaalde condities: 'Nou, goed, dat neem ik dan terug, maar ik vind wel dat...' En dan komt de volgende belediging.

Op een zonnige ochtend zat ik op een terrasje naast twee mannen die duidelijk een eerste date met elkaar hadden.

Omdat ze over nogal goed-projecterende stemmen beschikten, ving ik hun gesprek integraal op. De mannen vonden elkaar leuk, en ze probeerden indruk op elkaar te maken. Het opmerkelijke was dat ze dat niet deden door leuke grapjes te maken of elkaar complimentjes te geven. In plaats daarvan boden ze tegen elkaar op wie het milieuvriendelijkst leefde. De een was bijvoorbeeld bezig met milieuvriendelijk plastic. De ander zei dat de oplossing wat hem betreft lag in minder consumeren. Want wat niet gekocht werd, hoefde ook niet te worden ingepakt in plastic, of dat nou milieuvriendelijk was of niet.

De eerste man voelde zich door dit standpunt duidelijk overklast en begon te vertellen over een vriendin die nu voor de derde keer zwanger was. Dit was geen goed nieuws, want kinderen op de wereld zetten is heel slecht voor de wereld. Dat vond de andere man gelukkig ook. 'Adoptéér dan een kind!' werd er uitgeroepen. Je zag ze genieten van het met elkaar eens zijn. Deze date zou nog wel eens uit kunnen lopen op een relatie. Of in ieder geval op milieuvriendelijke sex.

Al luisterend bedacht ik hoe 'nu' dit was. We leven in een tijd waarin mensen elkaar blijkbaar kunnen versieren aan de hand van het milieu. Goed, de inhoud van het gesprek vond ik behoorlijk knettergek, maar het feit dat het milieu geil genoeg is voor twee jonge mannen op een zonnig terras vond ik dan wel weer een goed teken.

Waar zouden deze mannen het over gehad hebben als het gesprek twintig jaar geleden had plaatsgevonden? Muziek, denk ik. Of films. En stel dat deze mannen elkaar echt leuk vinden, en ze blijven bij elkaar – hoe kijken ze dan over twintig jaar terug op deze eerste date? Moeten ze dan lachen, omdat ze aan het opscheppen waren over hoeveel bamboeproducten ze in huis hadden?

MANSIZE

Kleenex, het papieren zakdoekjesmerk dat tot soortnaam verheven is, heeft ook zakdoekjes voor mannen. Misschien zijn ze er al lang, maar ik zag ze laatst pas voor het eerst in de winkel.

Op de verpakking staat in grote letters de tekst: KLEENEX MANSIZE. STRENGTH YOU CAN TRUST. De verpakking is verder zwart en oranje, want daar houden mannen van. Zie scheerapparaten en deodorantsticks. Als mannen het niet met zilver en donkerblauw moeten doen, dan is het wel met oranje en zwart.

De zakdoekjes zelf zijn iets groter dan de gewone kleenexjes, want mannen zijn groter dan vrouwen. En strength you can trust, want die vrouwenzakdoekjes hebben inderdaad iets onbetrouwbaars, net als vrouwen zelf.

Er moet aan de ontwikkeling van dit product iets vooraf zijn gegaan. Ik neem aan dat er een man is geweest die een ongemakkelijk gevoel kreeg toen hij een Kleenex pakte. Een gevoel van 'ik lijk mijn oma wel'. Hetzelfde gevoel dat sommige mannen hebben als ze in een automaat moeten rijden.

De echte man maakt het niet uit als hij een klein wuft zakdoekje moet pakken uit een gezellig roze doosje. Die merkt dat niet eens op. Of hij merkt het wel op maar beseft dat hij er niet meteen minder vruchtbaar van wordt, of dat zijn sixpack verdwijnt.

De net iets minder echte man maakt het wel uit, maar die zorgt dan dat hij het zakdoekje niet pakt. In plaats daarvan scheurt hij een stuk wc-papier af van een rol die ergens rondslingert op zijn werkbank. Of hij snuit zijn neus in een jutezak.

Alleen de aller-, alleronzekerste man wil wél een Kleenex, maar alleen uit een zwart met oranje doos.

Of is het allemaal veel simpeler? Is de mansize Kleenex uitsluitend bedoeld voor sperma? Is er een probleem met kleine Kleenexjes, dat je daar als man meteen doorheen grijpt, en lost de mansize Kleenex inderdaad een reëel probleem op?

Leefden we maar in een wereld waar dit soort dingen gewoon duidelijk gecommuniceerd werd. Dat er op de verpakking viel te lezen: ZELFS HET GROOTSTE ORGASME MET DROGE HANDEN DOORSTAAN! ONMISBAAR BIJ ZAAD!

Ooit waren wachtwoorden er alleen voor geheime genootschappen. Je was bijvoorbeeld minstreel en je moest een kasteel binnenkomen, maar om spionnen buiten de poort te houden was er dat wachtwoord. Dat woord had je in een verzegelde brief meegekregen die je inmiddels al had opgegeten (figuur 1).

Wachtwoorden vroeger: exclusief, spannend, leuk. Wachtwoorden nu: vervelend, veel te veel, niet te onthouden.

Het omgaan met hedendaagse wachtwoorden is een voortdurende confrontatie met je eigen onvermogen. Óf je weet je wachtwoord niet meer, en dan moet je iets doen met de meisjesnaam van je huisdier. Óf

figuur 1

je weet je wachtwoord wel, omdat je altijd een variant op hetzelfde doet, en dat betekent dan weer dat er as we speak Russische bendes je identiteit aan het stelen zijn.

Mijn grootste irritatie bij wachtwoorden is een irrationele: waarom vindt de computer het nooit goed als je je wachtwoord bíjna weet? Stel, mijn wachtwoord is 'huphuppaulien!'. Ik voer in: 'Huphuppaulien!' Fout. Vanwege die ene hoofdletter. Ik kan het echt ontzettend flauw vinden dat mijn computer geen begrip heeft voor dit soort kleine vergissingen. Duidelijk is toch dat ik het wel wist? Ik zie mijn computer, en het hele internet eigenlijk, als een iets te strenge juf op de basisschool: 'Maar ze zág toch dat ik het Tjeukemeer bedoelde? Ook al zei ik Fluessen!' Dat exactheid juist het hele punt van een wachtwoord is, maakt niets uit voor het basisgevoel van onrechtvaardigheid.

Vaak heb ik gefantaseerd over een computer die bij een verkeerd ingevoerd wachtwoord zegt: 'Bíjna! Probeer het nog eens!' Of: 'Niet helemaal, maar ik reken het goed.' (figuur 2)

Dit soort irritaties bestaat pas een jaar of vijftien op grote schaal. En zal ook wel weer verdwijnen. Over een jaar of vijftien zijn er helemaal

figuur 2

geen wachtwoorden meer nodig. Dan doe je alles met je vingerafdruk of je irisscan. Er zullen nog wel wachtwoorden zijn, maar alleen voor geheime genootschappen.

OK

Als je op je telefoon je pincode goed hebt ingetoetst, krijg je de melding: PINCODE OK. Wat zuinig klinkt dat. PINCODE FANTASTISCH. Dat zou er moeten staan.

EEN ONGEREPT TOILET

Stel, je gaat in een horecagelegenheid naar de wc. Je ziet een rij deuren die geen van alle op slot zijn. Welke wc kies je dan? Ik ben geneigd een van de middendeuren te kiezen, dus niet de eerste of de laatste deur. Geen idee waarom dat is.

Soms ben ik me bewust van deze terugkerende voorkeur, en dan kies ik juist wel de eerste of de laatste deur. Dat doe ik vanwege de volgende redenering: als andere mensen, net als ik, liever niet op de eerste of laatste wc gaan zitten, dan zijn die wc's relatief het schoonst, en moet je er juist wel op gaan zitten.

Voor de duidelijkheid: deze overwegingen gaan in een fractie van een seconde. Het is niet alsof er contemplatie plaatsvindt. Het is meer: je moet een snelle keuze maken, en welke keuze maak je dan?

Niemand loopt zonder enige overweging een wc in, maar het is niet echt een onderwerp waar je het snel met anderen over hebt. Toch had ik het er laatst over met iemand, die me vertelde dat ze altijd een wc kiest waarvan ze vermoedt dat er niet net iemand anders op is geweest. En dat het dan schrikbarend vaak voorkomt dat uitgerekend die wc bij nader inzien tóch net gebruikt is. Dit merkt ze doordat de bril nog warm is.

Dit doet mij vermoeden dat deze onbelangrijke keuzes veel ingewikkelder zijn dan we denken. Dat we onszelf wijsmaken dat we een ongerept toilet zoeken, maar dat onze dierlijke kant juist graag op een wc wil waar al een soortgenoot is geweest. Om daar onze eigen geurvlag bovenop te kunnen planten. En dan doen we wel van, hè gat, de bril was nog warm, maar ergens is het misschien wel een moment van victorie.

Overigens merk ik ook het volgende: als ik in zeldzame gevallen twee keer naar de wc moet tijdens een horecabezoek, dan moet ik op dezelfde wc. Dat is blijkbaar ‘mijn’ wc geworden. De wc en ik zijn een relatie met elkaar aangegaan, en dat na maar één keer plassen! Dat is dan wel weer een romantische gedachte.

LOS/LOOS

Misschien is de fijnste zin in het Duits wel: '*Jetzt geht's los.*' Dit is een dusdanig fijne zin dat hij de laatste jaren letterlijk vertaald wordt in het Nederlands. Zo dus: 'Nu gaat het los.' Een zin waar je niets tegen in kunt brengen. Als iemand dat eenmaal gezegd heeft, kun je niet meer zeggen: 'Nee, hoor, dat valt wel mee.' Als het los is, is het los. Mocht je het daar niet mee eens zijn, dan zit er niets anders op dan in stilte weg te sluipen en een prikkelarme ruimte op te zoeken.

De boel kan losgaan, maar je kunt ook zelf helemaal losgaan, als mens. En wat vooral heel vaak losgaat, is Twitter. 'Dus hij sneed ineens, prime time, dat onderwerp aambeien aan, en Twitter ging he-le-maal los.'

In het Nederlands zeggen we trouwens wel gewoon 'los', en spreken het niet, Duitsgewijs, uit als 'loos'. Want 'loos' gebruikten we al van onszelf. Vroeger hadden we het over 'meisje loos', 'loos alarm' en 'loze ruimte', of we hoorden het woord bijvoorbeeld in een zin als: 'Het was weer loze moeite om Jan-Willem aan het werk te krijgen.' Tegenwoordig wordt het woord wat breder gebruikt. 'Ik vond die hele informatieavond nogal loos, eigenlijk.' Of: 'Die vrouw is zo loos bezig, met d'r online cupcake-shizzle.' En als je zegt: 'Er is iets loos', dan is het echt goed mis.

En zo kan één o'tje het verschil maken tussen dol enthousiasme en doffe negativiteit.

ROOKOFFER

Het was tijd om *Dead Poets Society* weer eens te kijken, een film uit 1989. Ik was een beetje bang dat hij ontzettend zou tegenvallen, maar ik werd snel gerustgesteld; die film is nog steeds goed. Het enige wat mij destijds niet opviel en nu wel, was hoeveel erin gerookt wordt. Wat er ook steeds gebeurt: sigaretten worden snel uitgemaakt omdat er een volwassene dreigt binnen te komen. Dan wat handengewapper, waarna niemand meer merkt dat er gerookt is. Blijkbaar vond ik dat vroeger geloofwaardig.

Ik herinner me een werkgroepje tijdens mijn studie, rond de eeuwwisseling. Roken was toen in universiteitsgebouwen al verboden. In ons groepje zat een roker die, tijdens onze eindeloze discussies over statistische analyses, twee keer per uur zei: 'Ik ga even een rookoffer brengen.' Dan verdween hij een minuut of tien, om daarna weer relaxed en wel terug te keren. Ik vond dat toen irritant, want het hield het werk op. Maar ik zag ook wel in dat hij iets slims deed, want hij zou nooit een burn-out krijgen. (Bestond die toen al? Of noemden we dat nog overspannen?)

Nu is de jongen van het rookoffer ergens hoogleraar. Ik weet niet of hij nog rookt. Ik denk het niet. En in dat geval moet hij een programmaatje op zijn computer installeren om eraan herinnerd te worden om een 'mini-break' te nemen. De mens zoekt nu eenmaal naar een pauzeknop.

Mensen die toch nog roken, zijn óf jong en dom,

óf oud en hopeloos. Omdat roken bijna nergens meer mag, en ook op terrassen en bij bushaltes niet wordt gewaardeerd, zie ik steeds meer mensen hun rookmoment pakken op de fiets. Haastend tussen A en B snel nog even een sigaret. De rook vliegt in het gezicht van de mensen die achter hen fietsen. Dit tot woede van mijzelf, als achterfietser.

Maar ik denk ook: ik moet het nog maar even bewust in me opnemen. De rokende fietser. Een tijdsbeeld waar ik later met nostalgie aan zal terugdenken.

DAT OOK WEER NIET

In een café hoorde ik twee mannen praten. Of eigenlijk maar één – de andere man bromde af en toe wat. De prater was net verhuisd naar, wat hij zelf noemde, 'een leuke middenklassewijk zonder sociale allure'. Dit bracht hij als iets goeds. De brommende man bromde iets aarzelends, want de prater zei geruststellend: 'Nou, Diemen is ook niet meer het Diemen zoals jij het kent, hoor.' Van de vele dingen die je over Diemen zou kunnen zeggen, leek me dit verreweg het geschiktst als gemeentemotto. Bij elke invalsweg een groot bord: DIEMEN, NIET MEER HET DIEMEN ZOALS JIJ HET KENT, HOOR.

De prater vervolgde met een reeks redenen voor de verhuizing naar Diemen, en die redenen waren dusdanig lang dat hij de indruk wekte vooral zichzelf te moeten overtuigen. Zijn vrouw en hij werkten allebei in Amsterdam, wilden niet te ver reizen, en met die lage hyptheekrente kostte het allemaal 'geen drol'. Dus ja. En ze hadden heel lang gezocht. 'We kwamen echt op het punt dat we uit elkaar gingen. Nou ja, dat ook weer niet.'

Het was vooral dat laatste waardoor ik ging meevoelen met de man. Had hij nou wel of niet op de rand van echtscheiding gestaan? Misschien was het echt zo geweest, maar schrok hij dat hij het toegaf en stelde hij zijn uitspraak snel bij.

Aan de andere kant, wellicht voelde hij dat zijn monoloog over Diemen en hypotheekrenteaftrek veel te saai was. Dacht hij: ben ik dit echt? Ben ik nu de man geworden die met een vriend aan het praten is over een leuke middenklassewijk? En dat hij daarom besloot tot een dramatische uitschieter over een relatiecrisis. Om meteen daarna te denken: zo'n onwaarheid kan ik toch niet zomaar de wereld in brengen?

Ik gok op het laatste. Een man met behoefte aan dramatiek, aan extremen. Hij vertelde even later dat zijn jongste dochter altijd óf een 3 haalde, óf een 9. 'Nooit een zeven, leuk is dat.'

VANAF

Wat was het geval. Er was een pakket bezorgd dat ik de volgende werkdag vanaf één uur kon ophalen bij het postagentschap bij mij in de buurt. Dus ik daar de volgende dag heen. Maar: geen pakket. Ik: 'O, wat gek, want ik dacht, er staat "vanaf één uur", en het is nu twee uur.' De man van het postagentschap: 'Vanaf één uur. Dat kan dus ook drie uur zijn.' Ik: 'Maar wat heb je er dan aan dat er staat: vanaf één uur?' De man: 'Dat moet u niet aan mij vragen, wij drukken dat formulier niet, wij zijn niet PostNL, dient u maar een klacht in als het u niet bevalt.' Ik: 'Ik bedoelde het niet als aanval, ik vind het alleen merkwaardig dat "vanaf één uur" niet betekent dat het er vanaf één uur ligt.' Hij: 'Ja, onhandig hè? Had u maar thuis moeten zijn.'

GEBRUIKSAANWIJZING

Ik zag een interview met een Amerikaan die in 1966 een Volvo had gekocht en daar nog steeds in reed. Er stond viereneenhalfmiljoen kilometer op de teller. Het geheim was, zei hij, dat hij de gebruiksaanwijzing had gelezen. 'Je weet wel, dat boekje in je dashbordkastje dat nooit iemand leest.' En hij dus wel.

Een hoopvol iets – dat het leven toch beheersbaar is. Dat de dingen gewoon werken als je maar goed leest. Maar het nieuws van die viereneenhalfmiljoen kilometer heeft er niet toe geleid dat ik ook echt gebruiksaanwijzingen ben gaan lezen. Het idee dat het zou kunnen werken is al mooi genoeg. Ik heb een ordner met gebruiksaanwijzingen. Dat voelt georganiseerd, zelfs als je er nooit in kijkt.

Laatst ging mijn waterkoker stuk en terwijl ik mij al afvroeg of ik een nieuwe moest kopen dan wel een reparatiepoging moest wagen, deed hij het alweer. Terwijl, hij was echt stuk. Het was een spontane wederopstanding. Ik kan bijna niet onder woorden brengen wat een geluksgevoel dat teweegbracht. Een waterkoker die even stuk is en daarna niet meer, is veel beter dan een waterkoker die het altijd zonder problemen doet. Mysterieus blijft waar de waterkoker dit zelfhelende vermogen vandaan haalde. Of zou hij zijn eigen gebruiksaanwijzing gelezen hebben?

KAPOT

Hoe ga je om met dingen die kapot zijn? Dat zegt veel over de mens.

Ooit speelde ik bij een vriendinnetje van wie de vader tandarts was en de moeder tandartsassistente in ruste. De tandartsassistente in ruste was glazen aan het weggooien. 'Zijn ze stuk?' vroeg ik. 'Nee, maar ze passen gewoon niet bij de rest.'

Ik ben hier vijfentwintig jaar later nog niet van bekomen. Bij ons thuis was het meer van: ja, het glas ís wel een beetje stuk, maar dat betekent alleen dat we het niet meer moeten aanbieden aan kleine kinderen. Wij kunnen er best omheen drinken. Een onbeschadigd glas weggooien was er al helemaal niet bij – zonde, en trouwens ook zielig voor het glas.

We hadden een broodrooster dat mijn ouders hadden aangeschaft omdat het model door de Consumentenbond was verkozen tot het beste broodrooster ter wereld. Het was een crèmekleurig ding waar ongeveer één keer per week een steekvlam uit kwam. Gooiden we dit apparaat weg? Nee, wij grepen het broodrooster aan om elke keer weer vol vreugde te bespreken dat de Consumentenbond het bij het verkeerde eind had gehad.

Er zijn ook mensen die kapotte dingen gaan repareren. Dat lijkt mij het heerlijkste, maar ik kan helaas niet zo veel. Ik heb een keer veertig werkuren gestopt in de bevestiging van een knopje aan een lamp die voor vier euro was aangeschaft op een rommelmarkt. Toen dit gelukt was, was ik intens gelukkig. Hoe voordelig ik nou precies uit was, heb ik maar niet uitgerekend.

Mensen die makkelijk weggooien hebben denk ik ongecompliceerde karakters. Gewoon hup: orde. Zij beoordelen hun ziektekostenverzekering kritisch. De reparerende mens gelooft in de maakbaarheid van het leven. Mensen die leven met kapotte dingen accepteren de chaos.

Zelf leef ik ook alweer jaren met een half-kapot broodrooster. Alleen met de juiste druk op de knop blijven de boterhammen beneden. Ik ben de enige die kan omgaan met dit broodrooster. Het heeft wel iets. Als een temperamentvol huisdier, dat jij alleen stil kunt krijgen. Dat op de mat plast als iemand anders het eten geeft.

KAPOT LEUK

Ik hoor al een hele tijd niet meer dat iets 'kapot leuk' is. Dat was een tijdje wel zo. Gymnasiastjes die toch een beetje 'street' wilden zijn, die zeiden dat. Hebben zij die hoop alweer opgegeven?

TEEN SPIRIT

Als pubers gaan stinken, worden ze ongelukkig. Tussen stinken en ongeluk zit geen oorzakelijk verband – beide worden veroorzaakt door hormonen.

Meer dan vijfentwintig jaar geleden kwam de cd *Nevermind* van Nirvana uit. (Ja, generatiegenoten! EEN KWART EEUW!) Het belangrijkste nummer op die cd was 'Smells Like Teen Spirit'. Omdat het mijn lot is om elke trend te missen, had ik helemaal niet door hoe belangrijk dit nummer was, en zou blijven. Ik vond het lawaai, en ik speelde viool.

Als je 'Smells Like Teen Spirit' nu hoort, is het veel

melodieuzer dan het toen leek. Veel liever ook, minder gevaarlijk. Het bijzondere aan Nirvana was Kurt Cobain, die zijn depressie rechtstreeks doorgaf aan zijn puberfans. 'Smells Like Teen Spirit' zou je kunnen vertalen als 'Het stinkt hier naar ongelukkigheid'.

Een paar jaar na het verschijnen van *Nevermind* ging ik in Amerika studeren. Iedereen liep daar nog altijd in een wijde ruitjesbloes. Iedereen droeg zijn haar lang en ongelukkig. In de eerste week dat ik er was, kwam ik erachter dat Teen Spirit een deodorantmerk is. Speciaal voor pubers, in allerlei verschillende zoete varianten. Kurt bleek zich veel letterlijker uitgedrukt te hebben dan ik dacht.

Omdat er kinderen meeaten, dacht ik: ik kook de broccoli maar goed door. Oké, iets te goed. In het water zag de broccoli er nog wel oké uit (figuur 1), maar eenmaal overgegeven aan de zwaartekracht vleide hij zich neder, gelijk een stuk zeewier op een rots bij eb (figuur 2).

figuur 1

figuur 2

De mee-etende kinderen waren te welopgevoed om er direct iets van te zeggen, maar na verloop van tijd kwam toch de volgende mededeling: ‘Mama is echt super-prolijk in broccoli maken, dan is ie nooit te zacht!’

‘Zoals deze?’ vroeg ik.

‘Ehm, ja.’

Gelukkig kon ik het onderwerp veranderen door te vragen: ‘Zei je nou “super-prolijk”?’

Ja, dat zei hij. Prolijk betekende zoiets als ergens heel goed in zijn, zo goed dat je er vrolijk van wordt. ‘Maar ik weet niet of het een echt woord is, hoor,’ zei hij er angstig bij. ‘Misschien is het wel gewoon door iemand bedacht.’

‘Dan is het ook een echt woord,’ zei ik, want ik mag graag tolerant uit de hoek komen.

Later maar even gegoogeld op ‘prolijk’, en dat komt op internet wel eens voor. In berichtjes van jonge mensen. Het is onbekend waar het vandaan komt. Je zou denken van ‘pro’, van ‘Je bent echt een pro op het gebied van internetmarketing’, gecombineerd met ‘vrolijk’. Die verklaring kwam ik nergens tegen, wel dat het van de woordgrap ‘prolijk vasen’ zou komen.

Eten mislukt, maar een nieuw woord erbij geleerd. Per saldo was het dus een geslaagde avond. En toen ik eenmaal de staafmixer op de overgebleven broccoli had gezet, aldus een heerlijke nieuwe soep creërende, kon hij helemaal niet meer stuk.

EERLIJK

Aan een serveerster in een eetcafé in het noorden des lands vroeg ik wat de carpaccio van sint-jacobsschelpen precies inhield. Ze antwoordde: ‘Het is een soort grijs hoopje en het ruikt echt ontzettend naar vis – ja sorry, ik hou er zelf gewoon helemaal niet van! Maar andere mensen vinden het heel lekker.’

Ooit bestond er een product op de Nederlandse markt dat 'braderije' heette. Dat was geklaarde boter, die je tegenwoordig op Indiase wijze 'ghee' zou noemen; boter met bijna al het vocht eruit gehaald. Ik ken iemand die vanwege culinaire ambities heel veel behoefte had aan dit product, maar het woord 'braderije' niet uit haar mond kreeg, zo lelijk vond ze het. Als je het haar hoorde zeggen, begreep je inderdaad hoe lelijk dit woord is. Speciaal voor de braderije ging ze naar de supermarkt, terwijl ze daar eigenlijk tegen was, want grootkapitaal.

Weer andere mensen die ik ken, hielden heel erg van corned beef. Zij spraken dat uit als 'cornd bief', zoals de Engelsen het uitspreken. Bij hun slager werd het als 'cornèt bief' uitgesproken. Omdat zij het niet over hun hart konden verkrijgen om ook cornèt te zeggen, en omdat ze ook niet als snobs bekend wilden staan, bestelden ze maar iets anders.

Ik vind dit alletwee ontroerende, maar ook nogal rare dilemma's. Wat maakt een woord nou uit? Dan zal je 'cornèt' zeggen. Of: dan zal je als snob overkomen.

Tot ik er zelf mee te maken kreeg. En op de vervelendste Randstedelijke manier ooit. Ik ben, moet u weten, wel eens met mijn peuterzoon in een koffietent. Omdat hij mijn koffie wil drinken en dat niet mag, bestel ik warme melk voor hem. En omdat ik niet de enige ben die dat doet, is er een apart woord voor bedacht. Dat woord is 'babyccino'. Ik kan dit woord niet aan, ik weet niet precies waarom. Misschien heb ik het idee dat écht goede moeders zelf een bekertje met drinken bij zich zouden hebben. Maar goed, de babyccino dus. Ik vermijd het hele woord en zeg, wijzend naar mijn zoontje, iets als: 'En nog graag een bekertje warme melk.' Verwarring bij het personeel. 'Een babyccino?' zeggen ze aarzelend. 'Ja, dat.'

Omdat ik het bedienend personeel niet met mijn eigen kinderachtige probleem wilde opzadelen, heb ik laatst toch maar babyccino gezegd. Maar dan zo: 'En dan nog een, nou ja, een "babyccino".' Ik hoop maar dat de aanhalingstekens opgepikt werden.

Het afronden van een gesprek is moeilijk. Ik kende iemand die als ze wel weer klaar was met de visite, zei: 'Ik wilde nu toch wel tot een zekere afronding komen...' Komisch, omdat het zeldzaam is dat iemand zo eerlijk is.

Een bijzonder gênant moment uit mijn eigen leven vond plaats op een feestje, toen ik met iemand stond te praten die op een gegeven moment om zich heen ging kijken. Ik zei, grappend: 'Je bent op zoek naar interessanter gezelschap?' Waarop zij zei: 'Ehm, ja.' Blijkbaar had ik zo veel zelfvertrouwen gehad, dat ik die vraag durfde te stellen – alsof ik ervan uitging dat niemand interessanter zou kunnen zijn dan ikzelf.

Het is normaler om het afronden te doen op een manier dat zogenaamd niemand doorheeft dat er wordt afgerond. 'Hé, maar ik moet er weer vandoor!' Of: 'Hé, maar wat ontzettend leuk om jou weer eens gesproken te hebben!' Eigenlijk voldoet heel veel, als je maar begint met een monter 'hé, maar!'.

Onlangs hoorde ik van een afrondingstechniek van een hogere klasse. Tijdens het gesprek dat je afgerond zou willen zien, doe je het volgende: je loopt achterwaarts weg. Ineens. Gewoon, tijdens het praten. Ondertussen ga je steeds iets harder praten, want de afstand tot het gesprek wordt groter. Op een gegeven moment ben je min of meer buiten gehoorsafstand. En dan ben je klaar. Het klinkt als een bizarre techniek, maar ik heb hem in vivo geobserveerd en hij werkt wel degelijk. Er is wel veel lef voor nodig. Je moet die eerste stap naar achteren maar durven zetten. Dat is een kwestie van oefenen. Ik ken iemand die er zo goed in is, dat hij zich zelfs een keer achterwaarts van een zeiljacht heeft afgeworpen om van een gesprek af te komen.

Regelmatig wens ik dat je een gesprek zou kunnen afronden zoals dat met walkietalkies gebeurt: 'Over en uit.' Of zoals bij een talkshow, 'Ik hoor de eindtune – bedankt voor dit moment. En voor de kijkers thuis: tot morgen.'

WEL PRIMA HOOR

In het tvprogramma *Ik vertrek* werd een boerenfamilie gevolgd die naar Australië emigreerde om daar een melkveebedrijf te beginnen. Het opvallende aan deze familie was dat ze nergens een probleem in zag. Je zou de mensen thuis dan wel missen, maar goed, dat was dan maar zo. Er bestond per slot van rekening Skype.

De moeder van het gezin zei het volgende over het voornemen van haar man, en het is belangrijk om hier de meest opgeruimde toon op aarde bij te denken: 'Dan ga je gewoon mee, ik vind het wel prima hoor.'

Ik zou emigratie op geen enkele manier 'wel prima hoor' vinden. Zulke grote levensveranderingen: je vindt ze denk ik óf fantastisch, óf verschrikkelijk. 'Wel prima hoor' vind ik meer iets voor de beslissing vanavond pizza te eten.

De vrouw vervolgde op dezelfde niets-aan-de-handtoon: 'Je kunt beter naar Australië gaan dan dat je een ongeluk krijgt, dat je onder een auto ligt, dan ben je elkaar helemaal kwijt.'

Ja, als je het zo stelt. Zou dat de manier zijn om extreem grote beslissingen te nemen? Door jezelf wijs te maken dat je anders een gruwelijke dood zult sterven? Australië óf een auto-ongeluk, je moet nú kiezen! Het alternatief, namelijk hier blijven en best gelukkig zijn, mag niet meedoen als optie. Evenals de mogelijkheid dat je in Australië ook heel goed onder een auto terecht kunt komen.

Het wegredigeren van ongewenste gedachten is iets wat we de hele dag doen. Sommige mensen zijn er echter beter in dan andere, en deze vrouw was een meesteres.

Je verwacht bij dit soort extreme opgeruimdheid dat het allemaal nog wel eens vies tegen kan gaan vallen. Dat de familie in Australië zal worden verteerd door heimwee, dat de koeien geen melk geven, dat de kinderen terug willen. Maar nee hoor. Ook in Australië ging alles wel prima. Hup, nog wat kinderen erbij. Leuk bedrijf, fijne school. Geen enkel probleem.

De familie was zwaar christelijk. Dat scheelt in zulk soort gevallen waarschijnlijk.

NOG NOOIT OP

Lees deze zin eens hardop voor: 'Ganzenlever? Nee, dat heb ik nog nooit op.' Als je uit het zuiden komt (en het zuiden begint eigenlijk al vlak onder Utrecht), dan is dit een normale zin. Boven Utrecht klinkt hij heel, heel raar. Wie boven de rivieren is opgegroeid, kan wel 'op' zeggen, maar alleen als het eten op dat moment in de maag zit of zou moeten zitten. 'Heb je je aardappelen nou nog niet op?' klinkt volstrekt normaal. 'Pastinaak heb ik nog nooit op' en 'Heb jij wel eens niertjes op?' vindt de noorderling fout.

Waar dit aan ligt? Geen idee. Het is aantrekkelijk om er een reden op te plakken à la: nuchtere noordelingen willen alleen in de meest concrete zin over eten praten. Alleen wat zojuist nog op hun bord lag, kunnen zij op hebben. Pas als iets 'op' is, kunnen zij het ook op hebben (figuur 1). Een zuiderling kan het altijd over 'op' hebben, ook als het bewuste eten nog nooit in de buurt van de mond is geweest (figuur 2).

Maar zo'n halfbakken cultureel-sociologisch theorietje slaat nergens op. Een noorderling kan namelijk prima zeggen: 'Heb je nog nooit ganzenlever gegeten?' Dan bedoelt hij toch echt hetzelfde als de zuidelijke op-zegger.

Op-zeggers zijn meestal ook bij-zeggers. 'Ik kon hem niet bellen, want ik had mijn telefoon niet bij.' Wederom, voor de noordelijke mens klinkt dit heel raar en geamputeerd. De noordeling heeft een telefoon 'bij zich', niet alleen maar 'bij'. Waarom de zui-

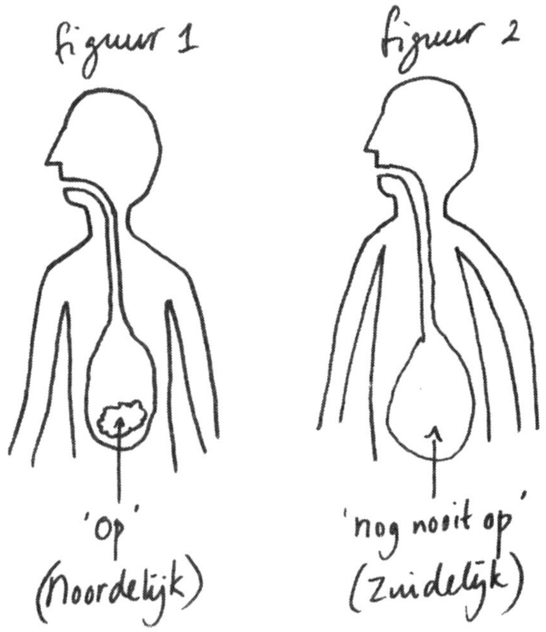

derling aan 'bij' genoeg heeft, is een raadsel.

Laatst was ik op een feestje waar iemand iets nog nooit op had. De ideale gelegenheid om het er nou eens uitgebreid over te hebben. Live, met echte mensen, en niet alleen in mijn eigen hoofd. Zou iemand weten waarom zuiderlingen iets 'nog nooit op' kunnen hebben, en noorderlingen niet?

Maar al snel bleek dat niet iedereen het zo'n fascinerend onderwerp vindt als ikzelf.

Ik schrijf om uit te kunnen praten.

Ssst.

REGISTER

C

M

s